PERLEN

VON DEN MYTHEN ZUR MODERNEN PERLENZUCHT

mit Fotoreportagen von DAVID DOUBILET, *New York*
herausgegeben von Schoeffel Pearl Culture

PERLEN

VON DEN MYTHEN
ZUR MODERNEN PERLENZUCHT

Die Deutsche Bibliothek – CIP-Einheitsaufnahme

Perlen *: von den Mythen zur modernen Perlenzucht /
hrsg. von Schoeffel Pearl Culture. Mit Fotoreportagen
von David Doubilet. [Beitr. von Hans Schoeffel.]
Köln : DuMont, 1996*
   ISBN 3-7701-3638-1

*NE: Doubilet, David; Schoeffel, Hans; Wilhelm Schoeffel
GmbH & Co. <Stuttgart>*

*Herausgeber: Schoeffel Pearl Culture, Stuttgart
Fotoreportagen: David Doubilet, New York
Historischer Teil nach G. F. Kunz & C. H. Stevenson:
»The Book of the Pearl«, New York, 1908
Gesamtgestaltung und Koordination:
Agentur Damm, Koblenz
© 1996 Wilhelm Schoeffel GmbH & Co., Stuttgart
Reproduktionen: HDL Repro-Service, Köln
Druck: Rasch, Bramsche
Buchbinderische Verarbeitung: Bramscher Buchbinder
Betriebe
Gesamtherstellung: DuMont Buchverlag, Köln*

Printed in Germany   ISBN 3-7701-3638-1

INHALT

GESCHENKE DER GÖTTER
8–9

JAHRTAUSENDE IM PERLENGLANZ
10–26

DAS GEHEIMNIS WIRD GELÜFTET
27–29

DIE REISE ZU DEN PERLEN VON DAVID DOUBILET

 *Hongkong*   *30–35*

 *China*   *36–49*

 *Japan*   *50–65*

 *Indonesien*   *66–79*

 *Australien*   *80–91*

 *Tahiti*   *92–105*

PERLEN IN UNSERER ZEIT

 *106–113*

BIOLOGIE DER PERLENAUSTER

 *114–118*

BILDNACHWEIS   *119*

Im Gedenken an meine Tochter Sabine

Hans Schoeffel

VORWORT

Zuchtperlen in den eleganten Auslagen der Juweliere ziehen auf der ganzen Welt die Blicke der Passanten auf sich, und ungezählte Frauen erfreuen sich täglich an ihrem Perlenschmuck. Und doch ist nur wenig über die Herkunft und Entstehung der Perlen auf den in fernen Ländern gelegenen Zuchtfarmen bekannt, und nur wenige Menschen sind sich der großen Vergangenheit der Perle, der königlichsten aller Juwelen, bewußt. Wer sich für Perlen interessiert und Näheres über sie erfahren möchte, muß dann feststellen, daß es kaum Literatur über dieses Thema gibt.

Ich selbst habe mein berufliches Leben der Zuchtperle und dem Handel mit ihr verschrieben und verdanke ihr vieles. Dabei reifte der Wunsch heran, mit einem Buch, das sowohl die Historie wie auch die faszinierende Gegenwart der Perlen umfassen sollte, diese Informationslücke zu schließen. Ein Firmenjubiläum war für mich schließlich Anlaß und Vorwand, dieses langgehegte Projekt zu verwirklichen.

Als Glücksfall erwies es sich, daß ich David Doubilet als Fotografen und Autor für »Die Reise zu den Perlen« gewinnen konnte. Als durch und durch emotionaler Mensch sieht David nicht nur mit dem Auge und durch das Objektiv seiner Kamera, sondern mit seinem großen Herzen. Seine Fotos sind wie stimmungsvolle Erzählungen, und seine Texte gleichen in Worten ausgedrückten Bildern.

Mein Buch soll kein Fachbuch sein. Es erinnert an die Zeit der Orientperlen und zeigt, wie gezüchtete Perlen in unserer Zeit durch das Aufkommen der übergroßen Südseeperlen wieder zum bevorzugten, prächtigen und »königlichen« Schmuck avancieren. Vor allem soll es Eindrücke vermitteln von der Entstehung der Zuchtperlen und der Arbeit der Menschen auf den Perlenfarmen vor faszinierender Naturkulisse.

Wie kaum ein anderes Produkt sind Zuchtperlen das Resultat intensiven Zusammenwirkens von Mensch und Natur. Dabei haben die Menschen gelernt, die Gesetze der Natur zu achten und ihre Kräfte zu respektieren. Sie gewinnen immer tiefere Einblicke in die bisher wenig erforschten Lebensgewohnheiten der empfindlichen Perlenaustern, die heute auf den Perlenfarmen mit größter Sorgfalt gehegt werden und dort eine weitaus höhere Lebenserwartung als im offenen Ozean haben.

Es sind oft junge Menschen, die auf den Perlenfarmen arbeiten. Viele kommen aus der Großstadt, und es ist sicher nicht nur des Geldes wegen, weshalb sie die harte Arbeit und das entbehrungsreiche Leben auf sich nehmen. Es ist das Leben in und mit der Natur, das sie reizt, und wohl auch die Faszination, an der Entstehung dieser wundervollen, sanften Juwelen, den Zuchtperlen, mitwirken zu können.

Die Perlenfarmer selbst sind ausgeprägte Unternehmerpersönlichkeiten, bereit zu langfristigen Investitionen bei hohem Risiko. Sie sind große Motivateure mit Durchhalte- und Durchsetzungswillen. Allesamt sind sie Perlenbesessene, getrieben von dem nie endenden Ehrgeiz, immer noch schönere und einmaligere Perlen zu gewinnen. Von dieser Besessenheit ist auch der passionierte Perlenhändler erfüllt, der, wie der Perlenzüchter und früher die Perlentaucher, sein Leben lang auf der Suche ist nach den schönsten, betörendsten und ausgefallensten Perlen.

Während in Japan die Perlenzucht heute gesamtwirtschaftlich von eher untergeordneter Bedeutung ist, hat sie in anderen Regionen einen hohen volkswirtschaftlichen Stellenwert. In Französisch-Polynesien ist sie der größte Wirtschaftszweig überhaupt. So ist es nur konsequent, daß sie in solchen Ländern von Regierung und Politik gefördert und insbesondere vor schädlichen Industrieansiedlungen und auch den Folgen des Tourismus geschützt wird. Somit leistet die Perlenzucht einen nicht zu unterschätzenden Beitrag zur Erhaltung reiner Gewässer und damit auch zur Grundlage unseres Lebens.

Dieses Buch ist eine Hommage an die unscheinbaren Perlenaustern und die wundervollen Perlen, die sie im Verborgenen heranwachsen lassen.

Möge es den Perlenliebhabern Freude bereiten.

Hans Schoeffel

*Wenn der Vollmond sein silbernes Licht über den Wogen des unendlichen Ozeans verströmt,
verlassen die Perlenaustern ihr sandiges Bett in der Tiefe
und steigen an die Oberfläche des Meeres empor.
Dort, umschmeichelt vom beruhigenden Wiegen der Wellen,
öffnen sie ihre Schalen und lassen sich vom nächtlichen Tau
und dem reinen Licht des Mondes befruchten.
In dieser Verbindung werden die Perlen geboren ...*

GESCHENKE DER GÖTTER

Kein funkelnder Edelstein, kein glitzerndes Geschmeide hat die Menschheit seit Jahrtausenden so fasziniert und bezaubert wie die sanft schimmernde Perle. Sie ist ein vollendetes Juwel der Natur, bedarf keiner Veredelung und unterscheidet sich darin von allen anderen Edelsteinen. Die Perle ist uralt und jung zugleich. Sie hat tausend Moden unverändert durchlebt und ist dabei doch immer dieselbe geblieben.

Aus Indien, Persien und China, den fernen Ursprungsländern der Perle, stammen jene Mythen und Legenden, die sich um die wundersame Entstehung der Perle ranken. Sie sind so geheimnisvoll und anmutig wie der verführerische Zauber der leuchtenden Perle.

Perlen waren Geschenke der Götter und wurden als solche verehrt. Denn wie sonst, wenn nicht durch überirdische Kraft, könnte ein einfaches Geschöpf wie die unscheinbare Auster ein so betörendes Juwel hervorbringen? In Perlen spiegelten sich das strahlende Licht der Sonne und der weiche Glanz des Mondes. Sie verfügten über magische Kräfte, heilten die Kranken und beglückten die Gesunden. Nach altem indischen Glauben verwandelt sich der Tau durch göttliche Kräfte im Innern der Auster zu Perlen. In der persischen Mythologie sind die *Steine aus dem Meer* Tränen der Götter, die in der Tiefe des Meeres von den Austern zu Perlen verwandelt werden. Als *Kinder des Lichtes*, so ein persischer Name für Perlen, kommen sie dann als göttliche Geschenke zu den Menschen.

Die alten Chinesen glaubten an die Kraft des Mondlichtes, das die Perlen wachsen läßt. Eine andere Legende schrieb ihre Geburt dem Regengott selbst zu. Als Himmelsdrache, so wurde erzählt, fegt er stürmisch über die Meere, und wenn er es dabei regnen läßt, tropft ihm feiner Tau aus dem Rachen. So manche Auster kann einen Tropfen davon erhaschen, und vom Mondlicht genährt, reift schließlich in ihrem Innern die Perle heran.

Die Griechen übernahmen die Mythen des Orients und schrieben die Schöpfung der Perlen dem Tau des Mondes zu, der in der Nacht in die geöffneten Austern eindringt, während sie auf der Meeresoberfläche schwimmen. Aber auch ein Blitz, der im nächtlichen Gewitter eine Auster trifft, konnte Perlen erzeugen. Hellas verehrte die Perle als Gabe Aphrodites, der Göttin der sinnlichen Liebe, der Schönheit und Verführung. Ihrer Geburt, so die Legende, sei auch die Geburt der Perlen zu verdanken. Denn als die Göttin, schaumgeboren und strahlend, einer Muschel entstieg, lösten sich Kaskaden von Wassertropfen und verwandelten sich in gleißendem Licht zu Perlen.

Am griechischen Vorbild orientiert, fiel auch der Liebesgöttin Venus, der römischen Adaption Aphrodites, die charmante Ehre zu, für die Entstehung der Perlen verantwortlich zu sein. Von ihren Lehrmeistern übernahmen die Römer ebenso die orientalischen Mythen über die Befruchtung der Perlenaustern durch göttlichen Tau.
Die Mythologisierung der Schöpfung der Perle reicht fast bis in unsere Zeit hinein. Inzwischen ist ihr Geheimnis gelüftet, und Austern produzieren auf Zuchtfarmen Perlen von immer betörenderer Schönheit. Doch heute wie vor Jahrtausenden besticht die Perle unsere Sinne durch ihren Liebreiz, ihren Charme und ihre diskrete erotische Ausstrahlung. Das subtile Spiel des aus ihrem Innern strahlenden Lichts macht sie zum Spiegelbild des Unerklärlichen. Sie hat sich die Aura des göttlichen Geschenkes erhalten. Sie ist die ideale Verkörperung natürlicher Schönheit, ästhetischer Perfektion und sublimer Bescheidenheit.

... Als der erste Tropfen des Regens aus den Wolken herabfiel in den unermeßlichen blauen Ozean, war er so winzig, daß er von den Wellen überrollt wurde, und er rief klagend: »Wie unscheinbar und klein bin ich doch in diesem weiten Raum.« Und die wogende See antwortete: »Deine Bescheidenheit ehrt dich, kleiner Wassertropfen. Du sollst dafür belohnt werden. Ich werde dich in einen Tropfen des Lichts verwandeln – du wirst das reinste aller Juwelen sein, die Königin unter allen, und du wirst Macht haben über die Frauen.« Und so war die Perle geboren ...

Gegenüber: Die Geburt der Venus, um 1482, Sandro Botticelli (1445–1510). Schon die Griechen verbanden, wie später die Römer, die Muschelgeburt der Liebesgöttin Aphrodite/Venus mit der Entstehung der Perle.

Rechts: Chinesische Perlenfischer, Illustration aus Les Livres du Graunt Caam. Französische Buchhandschrift von 1338

JAHRTAUSENDE IM PERLENGLANZ

Perlen – Geschenke der Götter, Juwelen reiner, sanfter Schönheit, Symbole des Glücks – zählen seit frühesten Zeiten zu den begehrtesten und kostbarsten Kleinodien der Menschheit. Ihr Wert wurde noch gesteigert durch ihre Seltenheit und die gefahrvollen Mühen, die mit ihrer Gewinnung aus den Tiefen des Meeres verbunden waren. Die Perle, Insigne der Macht wie auch Symbol für Wohlstand und Prestige, schmückte seit jeher weltliche und geistliche Herrscher, Kaiser und Königinnen, Mächtige und Reiche. Eng verflochten mit der Entwicklung der Menschheit, läßt sich die Geschichte der Perle bis in unsere Zeit verfolgen. Denn Perlen sind seit den frühesten Epochen der Kulturgeschichte der Kunst und der Mode eng verbunden. Sie erfreuen sich beständiger Beliebtheit und Verehrung und bleiben dabei doch immer die unveränderte Schöpfung der Natur.

Im fernen China wurden schon vor vielen Jahrtausenden Perlenmuscheln in Flüssen und an der südlichen Meeresküste gefischt. In dem konfuzianischen Geschichtswerk *Shu Ching* findet sich der wohl älteste literarische Hinweis auf Perlen:

»*Im Jahr 2206 (v. Chr.) erhielt König Yu als Tributgeschenk Perlen aus dem Fluß Hwai und von der Provinz King Kau (Che-Kiang) Ketten aus Perlen, die nicht ganz rund waren.*«

Erstmals findet sich das Idiogramm *Perle* in einem Wörterbuch aus dem Jahr 1000 v. Chr. Die chinesische Literatur erwähnt auch Perlenvorkommen in Japan. Die Fischer, die sie dort fanden, betrachteten sie als hübsche, aber wertlose Spielerei. Erst als chinesische Händler hohe Preise für die »Steine der Muscheln« boten, lernten die Bewohner der japanischen Inseln die Perle zu schätzen.

Das indische Heldenepos *Mahabharata*, das *Alte Testament*, der *Talmud* und der *Koran* rühmen einmütig das Kleinod aus dem Wasser für seine ideale Schönheit und vollkommene Reinheit.

Seit der Antike waren drei Perlengebiete des Orients für ihre Ergiebigkeit berühmt: eines im Golf von Mannar (zwischen Ceylon und dem Süden Indiens), ein weiteres im Persischen Golf und ein drittes im Roten Meer.

Die Perlenfischerei im Golf von Mannar gilt als die älteste dieser drei Regionen. Dieses Gebiet wird im 6. Jahrhundert v. Chr. erstmals schriftlich erwähnt. Die üppigen Perlenschnüre, mit denen sich Mogul-Herrscher und Maharadschas von Kopf bis Fuß zu schmücken pflegten, zeugen noch heute vom Reichtum der dortigen Perlenfischereien und vom märchenhaften Glanz der indischen Herrscherhäuser. Jahrhundertelang stritten und kämpften indische, persische und arabische Fürsten um die Herrschaft über die Perlenbänke, die Jahr für Jahr sagenhafte Schätze hervorbrachten. 1510 beginnt mit der Eroberung der Region durch die Portugiesen ein neues Kapitel: die europäische Kolonialherrschaft. Auf die Portugiesen folgten die Holländer, und Ende des 18. Jahrhunderts gliederten schließlich die Engländer Indien und seine Perlenbänke in ihr Kolonialreich ein.

Links: Kaiserin Xiau Xianchun (1712–1748), erste Frau des Kaisers Quianlong, mit großer Perlenkette, Perlenohrschmuck und perlenbesetzter Winterkrone

Während aber Herrscher kamen und gingen, blieb die Arbeit der Perlenfischer über Jahrhunderte hinweg im wesentlichen unverändert: Zur Erntezeit von Anfang März bis Ende Mai zogen Kaufleute, professionelle Perlentaucher, aber auch Abenteurer und Glückssucher in Scharen in die Küstenregionen. Die sonst verschlafenen Fischerdörfer und menschenleeren Sandstrände verwandelten sich binnen kürzester Zeit in laute Zeltstädte, die bis zu 40 000 Menschen beherbergten. Die Fangflotte vor der Küste konnte 500 Schiffe und Boote zählen. Für die ansässigen Fischer war die Perlensaison eine willkommene Gelegenheit, ihr karges Einkommen aufzubessern. Die Entdeckung einer kostbaren Perle konnte für eine arme Familie ein kleines Vermögen bedeuten.

Der venezianische Kaufmannssohn Marco Polo, der um das Jahr 1294 die Perlenfelder im Golf von Mannar besuchte, zeichnete ein lebendiges Bild der Perlenernte: *»Die Perlenfischer segeln mit ihren Schiffen unterschiedlicher Größe in den Golf, wo sie von Anfang April bis Mitte Mai bleiben. 30 Meilen vor der Küste werfen sie Anker und steigen in kleine Boote um. Man muß wissen, daß Kaufleute sich zu Gesellschaften zusammenschließen. Diese sind es, die die Schiffe gut ausrüsten und die Mannschaften und Perlentaucher bezahlen. Von dem ganzen Ertrag müssen sie zuerst die Abgabe an den König zahlen, diese ist der zehnte Teil. Wenn die Männer in die kleinen Boote umgestiegen sind, springen sie in das Wasser und tauchen zum Meeresgrund in*

Oben: »Amas«, japanische Muscheltaucherinnen vor Enoshima, Edo-Zeit, um 1790

men‹ den Zauber am Abend, damit keiner auf den Gedanken kommt, heimlich in der Nacht zu tauchen und Muscheln zu stehlen.«

Die berühmtesten und ergiebigsten Perlenfischereien waren aber jene im Persischen Golf. Der römische Naturforscher Gaius Plinius secundus (23–79 n. Chr.) schreibt in seiner *Historia Naturalis*: »*Aber die perfektesten und exquisitesten Perlen von allen sind diejenigen aus Arabien, aus dem Persischen Golf.*« Bis in das 16. Jahrhundert verwalteten arabische und persische Fürsten die Region. Anschließend brachten portugiesische Eroberer die wichtigsten Häfen unter ihre Gewalt. Allerdings nur für ein Jahrhundert. Dann holten sich die Perser ihre Perlengärten wieder zurück und verschafften sich die führende Stellung unter den Perlenproduzenten.

Im Persischen Golf begann die Perlenernte Anfang Juni. Hunderte von Perlentauchern heuerten auf den Booten der *Bunnias* an – so nannten sie die indischen und arabischen Finanziers, die auch Material und Ausrüstung zur Verfügung stellten – und tauchten bis in den September nach den

einer Tiefe von 4–12 Faden und bleiben dort so lange wie möglich. Und dort finden sie die Muscheln, die die Perlen enthalten und stecken sie in ein Netz, das sie sich umgebunden haben.

Wenn sie den Atem nicht länger anhalten können, kommen sie an die Wasseroberfläche, und nach kurzer Zeit tauchen sie wieder nach unten, und so geht es den ganzen Tag. Auf diese Weise werden Perlen in großer Menge gefischt, und von dort kommen die Perlen, die in die ganze Welt gehen. Und ich kann erzählen, daß der dortige König ein großes Einkommen und reiche Schätze aus seinem Anteil von diesen Perlen hat.«
Die Kaufleute brachten ihren Anteil auf die großen Perlenmärkte in Bombay. Die Preise für Perlen waren hoch.

Üblicherweise bezahlten die Händler ihr dreifaches Gewicht in Gold. Jenen, die eigentlich die Perlen aus dem Meer geholt hatten, blieb jedoch nur ein geringer Lohn. Und nicht wenige bezahlten den Traum, die große, einzigartige Perle zu finden, mit dem Leben. Denn das Meer barg nicht nur schimmernde Schätze, sondern auch Gefahren, wie Marco Polo erzählt:

»*Da es überall große, den Tauchern gefährlich werdende Fische gibt, führen die Kaufleute Zauberer mit sich, die die Fische mit ihren höllischen Künsten daran hindern sollen, Unheil anzurichten. Diese Fischbeschwörer heißen ›Abraiamen‹. Ein Zwanzigstel von allem nehmen sie. Da die Perlenfischerei aber nur am Tage stattfindet, lösen die ›Abraia-*

Perlenmuscheln. Ihre Arbeitsweise blieb bis Anfang unseres Jahrhunderts die gleiche: Nur in grobe Leinentücher gehüllt, die Nase mit einer Horn- oder Knochenspange verschlossen, sprangen sie auf offenem Meer ins Wasser und sanken rasch mit Hilfe eines Gewichts auf den Meeresgrund. In 10 bis 20 Metern Tiefe schnitten sie die Austern mit kleinen Messern von den Bänken, bis der Austernsack voll war. Daraufhin gaben die Taucher durch Ziehen an einer Leine ein Zeichen, daß sie wieder hochgezogen werden wollten. Jeder Perlentaucher unternahm bis zu hundert Tauchgänge pro Tag. Am Abend segelten die Boote mit den erbeuteten Austern zurück in den Hafen. Meist war es den Tauchern selbst verboten, die Muscheln zu öffnen, denn das hätte ihnen die Möglichkeit geboten, besonders schöne Perlen zu stehlen und im Gewand zu verbergen. Deshalb teilte man die noch geschlossenen Austern im Hafen auf: Ein Teil ging an die *Bunnias*, ein Teil an das Herrscherhaus und ein kleiner Teil an die Taucher selbst. Da es zu anstrengend und zeitaufwendig war, jede Muschel einzeln zu öffnen, bewahrte man sie in großen Körben auf, bis sie sich von selbst auftaten und die Perlen freigaben. Perlenwäschern kam die unangenehme Aufgabe zu, die verrottenden Muscheln zu durchsuchen und die gefundenen Perlen zu reinigen. Die Taucher verkauften ihren Anteil meist sofort an die ortsansässigen Händler.

Manchmal fanden sich besonders große, aber leicht defekte Perlen, die Unebenheiten oder Verfärbungen aufwiesen. Diese brachte man zu den sogenannten *Perlendoktoren* – Männern mit scharfem Blick und geschickten Fingern, die in hohem Ansehen standen. Sorgfältig schälten diese Perlenkünstler Schicht für Schicht von der Perle ab, bis sie rund und makellos schimmernd dalag. Doch der Vorgang gelang nicht immer. Schon ein kleiner Ausrutscher mit dem harten Werkzeug genügte, und eine trotz geringen Makels noch wertvolle Perle zerbröselte zu Staub. Mitunter schälte der Perlendoktor auch so lange, bis von einer großen Perle praktisch nichts mehr übrig war. Nicht nur zur Suche nach Perlen gehörte also Glück, auch die Behandlung der prekären Kleinodien war riskant.

Am Ende der Erntezeit brachten die Händler die Schätze nach Bahrain oder Hormuz – den wichtigsten Umschlagplätzen für Perlen. Dort beherrschten indische Kaufleute den Markt. Sie verschifften ihre wertvolle Fracht nach Bombay und belieferten von dort die Perlenmärkte der Welt.

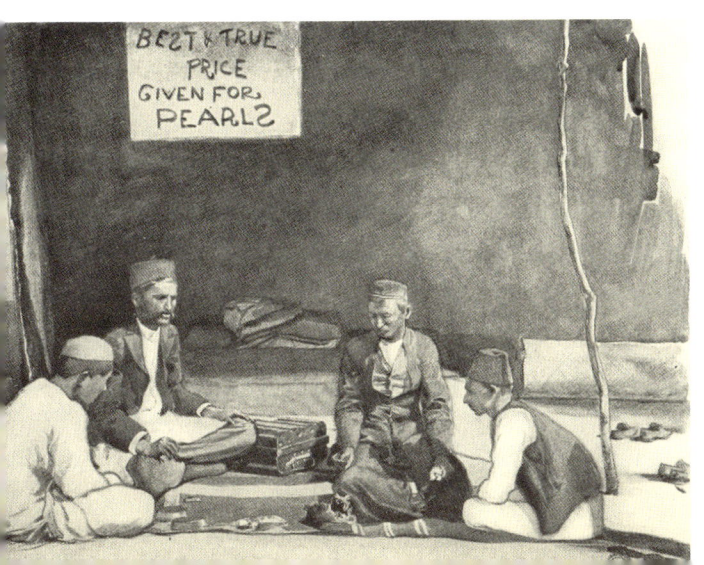

Gegenüber oben: Perlenfischerei und Türkisabbau in der Provinz Gaindu, China. Reisebeschreibung des Marco Polo, Buchmalerei, um 1375

Gegenüber unten: Rückkehr der Boote von den Perlenriffs, Ceylon, um 1900

Oben: Arabische Perlentaucher im Persischen Golf, um 1900

Links: Indische Perlenhändler auf Ceylon, Buchillustration, 1906

Die ersten, die die Bewohner des Mittelmeerraums mit Perlen bekannt machten, waren die Phönizier – die frühen Seefahrer, die schon im zweiten vorchristlichen Jahrtausend Handelsbeziehungen bis nach Indien unterhielten. Bereits in den Heldendichtungen Homers aus dem 8. Jahrhundert v. Chr., der *Ilias* und der *Odyssee*, werden Perlen erwähnt: »... in drei großen Tropfen hängen ihre leuchtenden Juwelen an ihren Ohren...« / »... Ohrringe, hell mit dreifachen Tropfen, die ein gleißendes Licht verbreiten ...«
Vor allem die Griechen entwickelten eine große Vorliebe für die damals noch seltenen Perlen. Sie schmückten mit ihnen die Statuen ihrer Göttinnen. Griechische Damen trugen ihre Perlen gerne als Ohrringe, die Männer befestigten sie nur am rechten Ohr – eine Sitte, die höchstwahrscheinlich von den Persern übernommen worden war.
Der eigentliche Siegeszug der Perle begann nach den Feldzügen Alexanders des Großen (356–323 v. Chr.), die die antike Welt veränderten und Orient und Okzident verbanden. Alexandria entwickelte sich rasch zur bedeutenden Handelsstadt, und Kaufleute aus Indien, Persien und Arabien boten auf den Märkten der Metropole im Nil-Delta Perlen in großen Mengen feil.
Die Römer übernahmen mit der Herrschaft über das Mittelmeer auch die Vorliebe der von ihnen unterworfenen Völker für Perlen. Die Eroberung Alexandrias im Jahr 30 v. Chr. eröffnete ihnen den Zugriff auf die reichen Perlenschätze der Stadt, und die Feldzüge des Augustus brachten schließlich auch die Perlenfelder des Roten Meeres in römischen Besitz. Rom fiel in einen wahren Perlentaumel. Vom griechischen *margaritae* (abgeleitet aus dem persi-

Bis in das 20. Jahrhundert waren Perlen der dominierende Wirtschaftsfaktor der gesamten Golf-Region. 1938 lebten noch 20 Prozent der Bevölkerung von den Perlen. Dann wurde ein anderer Schatz gefunden – Öl, und die Perlenfischerei verlor rasch ihre Bedeutung zugunsten des schwarzen Goldes.
Auch in der dritten wichtigen Perlenregion, dem Roten Meer, begann man bereits lange vor Christi Geburt nach Perlen zu tauchen. Im Gegensatz zu den indischen und persischen Perlenfischereien standen die Austernbänke des Roten Meeres nie unter einheitlicher Kontrolle, und die Perlentaucher gingen ungestört und frei ihrer Arbeit nach.

Gefahr drohte ihnen allerdings von den zahlreichen Haien der Gewässer und von Piraten. Trotzdem lebte ein großer Teil der Bevölkerung von den Perlen, und über Jahrhunderte gab eine Generation ihr Wissen an die nächste weiter. Die Taucher des Roten Meeres ernteten vom Frühling bis in den Herbst. Sie fanden aber nie so viele Perlen wie ihre indischen und persischen Kollegen.
Das Perlenzentrum des Roten Meeres war die Stadt Massaona, dort verkauften die Perlenfischer ihre Ernte an indische Händler. Ein zweites wichtiges Handelsgut der Region war Perlmutt, das hauptsächlich nach Europa verschifft wurde.

Oben: Alexander der Große (356–323 v. Chr.). Seine Eroberungszüge in den Orient ebneten der Perle die Wege zu den abendländischen Kulturen.

Gegenüber: Vornehme Römerin mit Halskette und Ohrschmuck aus Perlen, die ihre Trägerin vor bösen Geistern und Unglück bewahren sollten. Römisches Familienporträt-Medaillon, 4. Jh. n. Chr.

schen *mirwareed*) stammt das lateinische *margarita* für Perle. Geliebte Personen nannten die Römer *margarita*. Die schönsten Perlen aber nannten sie zärtlich *unio*, die Einmalige, denn keine Perle gleicht der anderen. Unvergleichlich war auch die Leidenschaft, die die Römer für die teuren Juwelen entwickelten. Sie dekorierten den Innenraum des Tempels der Venus über und über mit Perlen. Die Reichen trugen sie nicht nur zu Schmuckstücken verarbeitet, sondern verzierten auch ihre Gewänder mit üppigen Perlenstickereien. Die wohlhabenden Römerinnen legten ihre Perlen selbst in der Nacht nicht ab, um von ihnen auch im Traum begleitet zu werden. Während des Tages priesen sie den sanften Klang ihrer Ohrgehänge, der zu hören war, wenn die einzelnen Perlen aneinanderstießen. Plinius berichtet in seiner *Historia Naturalis*:

»*Von allen Gegenständen nehmen die Perlen den ersten und höchsten Rang ein... Es ist in der Begierde der Frauen, diese Perlen an den Fingern zu tragen und je zwei oder drei an die Ohren zu hängen... Ja, man befestigt sie sogar an den Füßen, und zwar nicht nur an den Schuhriemen, sondern auch an den ganzen Schuhen. Denn es genügt ihnen nicht, Perlen zu tragen, sondern sie müssen auch auf den ›Einmaligen‹ wandeln.«*

Selbst der stoische Philosoph Lucius A. Seneca (4 v.–65 n. Chr.) fühlte sich in seiner Ruhe durch den Perlenwahn der Römerinnen gestört:

»*Perlen, wohin ich schaue. Nur eine für jedes Ohr? Nein! Die Ohrläppchen unserer Damen haben eine besondere Kapazität für deren viele entwickelt. Zwei Perlen nebeneinander mit einer dritten obendrauf bilden heutzutage einen einzigen Ohrring. Diese verrückten Weiber hören nicht auf, ihre Männer zu quälen, bis sie eine ganze Erbschaft am Ohr tragen.*«

Die Perlenhändler der ewigen Stadt zählten ob dieses regelrechten Perlenrausches nicht nur zu den angesehenen, sondern auch zu den wohlhabenden Bürgern. Sie schlossen sich zur Zunft der *margaritarii* zusammen.

Doch nicht jeder durfte sich Perlen an Ohr und Gewand heften, denn dem großen Caesar war der Gebrauch des Kleinods durch die niedrigen Klassen ein Dorn im Auge. Er erließ Perlengesetze, die das Tragen von Perlen nur Damen aus Patrizierfamilien erlaubten.

Die schönsten und teuersten Perlen besaßen naturgemäß die Allermächtigsten, die Imperatoren. Kaiser Caligula wandelte zumeist auf perlenbesticktem Schuhwerk und sah auch seine Haus- und Hoftiere gerne perlenverziert. Sein berühmtes Pferd *Incitatus*, das bekanntlich auch als Regierungsmitglied fungierte, erhielt zu seinem Amtsantritt körbeweise Perlenketten. Caligulas Gattin Lollia Paulina erschien zu Banketten vom Scheitel bis zur Zehenspitze in Perlen und Smaragde gehüllt. Auch Kaiser Nero ging nichts über schöne Perlen. Er ließ die Wände seiner Sänfte mit Perlen auskleiden, hielt ein perlenverziertes Zepter in der Hand und verlangte sogar von seinen Schauspielern, daß sie ihn mit perlenverzierten Masken unterhielten.

Die wohl berühmtesten Perlen der Antike waren jene, die Kleopatra als Ohrgehänge trug. Jede der beiden tropfenförmigen Perlen war dem Vernehmen nach so wertvoll wie eine Provinz Asiens. Bekannt ist die Überlieferung von dem Bankett mit ihrem letzten Liebhaber, dem römischen Feldherrn Marc Anton, bei dem sie aus einer dieser Perlen das wohl teuerste Getränk der Weltgeschichte bereitete. Weniger bekannt ist, daß Octavian, der spätere Kaiser Augustus, nach seinem Sieg über Kleopatra und Marc Anton die erbeutete zweite Perle teilen ließ. Mit den zwei neugewonnenen Perlen schmückte er im Tempel der Venus die Statue der Liebesgöttin.

Während der 500 Jahre dauernden wirtschaftlichen Blütezeit des Römischen Reiches wurden insgesamt mehr Perlen gehandelt und gehortet als in jeder anderen Periode der Weltgeschichte. Tatsächlich sollen die Römer so viel Gold für Perlen ausgegeben haben, daß ihre Handelsbilanz empfindlich gestört wurde.

Als im Jahre 330 die Hauptstadt des Reiches durch Kaiser Konstantin nach Konstantinopel, dem ehemaligen Byzanz, verlegt wurde, entstand ein neues Zentrum für Kunst, Reichtum und Luxus. In der Metropole am Bosporus prallten Orient und Okzident aufeinander, und hier trafen sich die Handelsströme aus Ost und West. Perlen waren auch dort die beliebtesten Objekte für Schmuck und Ornamente.

Ein glanzvoller Höhepunkt war die Regierungszeit Kaiser Justinians (483–565). Die berühmten Mosaiken von San Vitale in Ravenna zeigen den Kaiser und seine Gemahlin Theodora, beide überreich mit üppigen Perlen geschmückt. Der Luxus, mit dem sich das Herrscherpaar umgab, soll noch prächtiger gewesen sein als jener der »alten Römer«. Auf byzantinischen Münzen dieser Zeit sind prachtvolle Diademe, Colliers und Ohrringe aus Perlen zu sehen. Die ungarische St.-Stephans-Krone, nebst wertvollen Steinen verschwenderisch mit schimmernden Perlen bedacht, ist byzantinischer Herkunft.

Währenddessen war das ehemals stolze Rom den Stürmen der Völkerwanderung ausgesetzt und fiel, von Goten und Vandalen geplündert, für Jahrhunderte der Bedeutungslosigkeit anheim. Teile seiner Perlenschätze, die den Eroberern in die Hände fielen, tauchten später bei den Franken wieder auf, deren Könige beim Anhäufen ihrer Juwelenschätze mit orientalischen Potentaten wetteiferten.

Gegenüber links: Das Gastmahl der Kleopatra, Gérard de Lairesse (1641–1711). Nach der Legende löste die ägyptische Königin als Liebesbeweis gegenüber Marc Anton eine ihrer kostbarsten Perlen in Wein auf.

Gegenüber rechts: Das Forum Romanum, Gemälde von G. W. von Knobelsdorff (1699–1753), war wichtigster Umschlagplatz für Perlen während der Römischen Antike.

Oben: Kaiserin Theodora (497–548) im Perlenornat mit ihren Hofdamen, Mosaik in San Vitale, Ravenna (6. Jh.).

Unter den Franken eröffnete die zunehmende Bedeutung der christlichen Kirche als Förderin der Kunst der Perle den Einzug in die sakrale Welt. Die Perle nahm als Sinnbild der Liebe Gottes und Marias bald einen besonderen Stellenwert ein. Kirchen wurden mit perlen- und juwelenverzierten Kreuzen, Altären und sonstigen Kultgegenständen ausgestattet. Zu den wertvollsten Schätzen der Kirchenherren zählten auch Handschriften, deren Einbände kunstvoll mit Perlen besetzt waren. Unter Karl dem Großen (742–814) erreichte der Brauch, die Kirche mit kostbaren Gaben zu beschenken, seinen Höhepunkt. Nach seinem Tod folgte die »finstere« Zeit des frühen Mittelalters, gekennzeichnet von Unruhen und wirtschaftlichem Niedergang. Erfüllt mit Untergangsangst, brachten die Menschen ihren weltlichen Besitz auf den Altar der Kirche in der Hoffnung auf himmlische Erlösung. Erst die aus dem Heiligen Land zurückkehrenden Kreuzfahrer im 12. und 13. Jahrhundert verbreiteten in Europa wieder die jahrhundertelang vernachlässigte Mode, sich mit Perlen zu schmücken. Viele von ihnen kamen mit Perlen als Liebesgabe für ihr Minnefräulein zurück, und europäische Goldschmiede übernahmen die feine Ornamentik maurischer Kunst. Die in der Römerzeit ausgebeuteten Perlenbänke hatten sich mittlerweile erholt. Indische und persische Fürsten, die die Kontrolle über die Perlenfischereien ausübten, hatten enorme Perlenschätze angehäuft. Die frühen Reisenden in diese Länder berichteten von der verschwenderischen Zurschaustellung von Perlen. Die Herrscher trugen Perlenketten in vielen Reihen, ihre Gewänder waren über und über mit

Perlen besetzt, und sie schmückten ihre Damen in verführerischer Weise mit Perlen. Werke der orientalischen Literatur geben ein lebhaftes Bild dieser Perlenbegeisterung. Wer hat sich nicht mit Vergnügen den phantastischen Geschichten aus *Tausendundeiner Nacht* hingegeben, von Sindbad dem Seefahrer, wundervollen Schätzen und Perlenketten, die dunkelhäutige Schönheiten schmückten!

In der Renaissance erlebte Europa eine Epoche wirtschaftlichen Aufschwungs und politischer Stabilität, die Grundlagen einer kulturellen Blütezeit. Das Abendland löste sich aus der erdrückenden Umklammerung kirchlicher Dogmen. Auf allen Gebieten der Kunst entfalteten sich neue schöpferische Kräfte, die uns heute noch in Staunen versetzen. In der raffinierten Mode wurden Perlen als Symbol natürlicher, ursprünglicher Schönheit beliebtestes Luxusaccessoire. Die feine Gesellschaft schmückte sich mit perlenbestickten Gewändern und Perlenschmuck, die Damen trugen Haarnetze aus perlenbesetzten Goldfäden. Galten Augsburg und Nürnberg als die Heimat der besten Goldschmiede, so waren die Handelsstädte Venedig und Genua für ihre Perlenmärkte bekannt.

Gegenüber links: Juwelenbesetzter Einband des Evangeliars von Ashburn (9. Jh.)

Gegenüber rechts: La primavera (Der Frühling), Sandro Botticelli, um 1477/78 (Ausschnitt)

Oben: Venedig, Dogenpalast und Markusplatz, Antonio Canaletto (1697-1768). Der Reichtum Venedigs entstand durch die weltweiten Beziehungen seiner Kaufleute, die unter anderem mit Perlen handelten.

Rechts: Darstellung des indischen Holi-Festes (Frühlingsfest der Hindus), Indien, um 1700

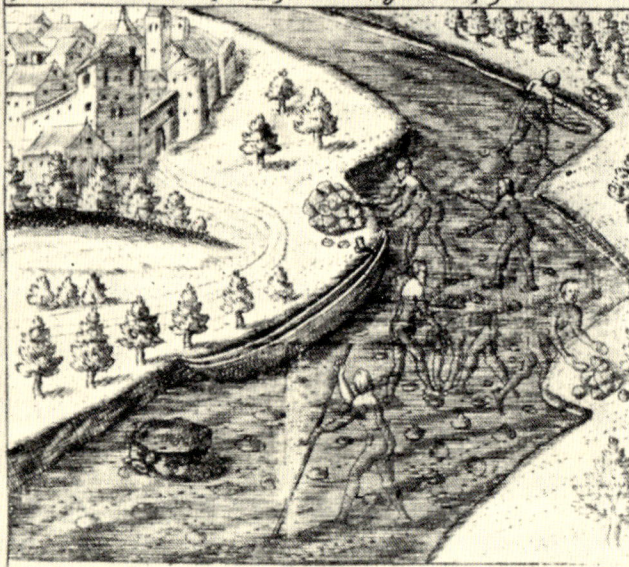

IN HAC TABVLA FOL. 43 INSERENDA SIGNIFICANTVR 4 PISCATIONVM MODI MARGARITARVM.

Primus Perimudensium Retibus piscandi modus.

Secunda Indorum per Piscem margaritas piscandi ratio.

Tertius Ormutianorum Vrinatorum piscandi modus.

Quartus scottorum in Fluuiis piscandi modus.

Mittlerweile hatten Schotten, Iren und Angelsachsen in den Flüssen und Seen ihrer Heimat Perlen gefunden. Sie waren klein, verschiedenfarbig und nicht so schön und ebenmäßig wie jene aus Indien oder Persien. Da sie aber leichter zu gewinnen waren, kosteten sie weniger. In erhaltenen Schmuckstücken aus dieser Zeit, auf kirchlichen Gegenständen, aber auch in vielen Kronjuwelen finden sich noch heute diese Süßwasserperlen. Auch auf dem europäischen Festland, in Skandinavien und in Süddeutschland, fand man in den Flüssen Muscheln mit Perlen.
1492 stieß Christoph Kolumbus auf der Suche nach dem direkten Seeweg nach Indien auf die Inseln der Karibik. Zu seiner grenzenlosen Enttäuschung fand er dort nicht die erhofften Schätze des Orients und mußte zunächst ohne Beute nach Spanien zurücksegeln. Mehr Glück hatte er auf seiner dritten Reise, die ihn an der Küste des heuti-

gen Venezuelas entlang führte. Die Eingeborenen beschenkten ihn mit Perlen und zeigten ihm die reichen Perlengründe an den der Küste vorgelagerten Inseln. Eine davon nannte er *Isla Margarita* – die Perleninsel.

Die Epoche, die nun anbrach, wird von manchen Historikern das *Perlenzeitalter* genannt. Unzählige Schiffsladungen von Perlen aus Venezuela, Panama und später auch aus der Baya California, genannt die »Perlenküste«, versorgten die Alte Welt mit dem kostbaren Kleinod, das mehrfach mit Gold aufgewogen wurde.

Die französischen Valois, die italienischen Medici, die österreichischen Habsburger, die englischen Tudors und die schottischen Stuarts – sie alle kauften Perlen.

Die berühmteste Perle aus Südamerika besaß Philipp II. von Spanien: *la Peregrina*, die Pilgerin. Sie wog 203 grains (10 Gramm) und hatte die Form eines Tropfens. Angeblich war sie von einem Sklaven im Golf von Panama gefunden worden, der als Lohn dafür die Freiheit erhielt. Nach abenteuerlicher Reise durch unzählige Herrscherhäuser Europas ersteigerte Richard Burton 1969 die Riesenperle und verehrte sie Elizabeth Taylor. Später wurde die *Peregrina* vom Hund der Diva verschluckt. Als sie nach der zweiten Abenteuerreise erneut das Licht der Welt erblickte, hatte sie einen großen Teil ihres Gewichts und allen Glanz verloren.

Gegenüber links: Die vier Arten der Perlenfischerei, Kupferstichblatt aus Margaritologia, sive dissertatio de Margaritis von Malachias Geiger, München, 1637

Gegenüber rechts: Thronender Christus im Mittelteil des Genter Altares, Jan van Eyck (ca. 1390-1441). Die Herrlichkeit Gottes wird durch den Perlenreichtum des Ornats bewußt gemacht.

Links: Isabella von Portugal, Königin von Spanien und Gattin Kaiser Karls V. im perlenbestickten Prunkornat. Tizian (1487/90–1576)

Rechts: Katharina von Medici, 1519-1589, Königin an der Seite von Henry II. von Frankreich, war eine der leidenschaftlichsten Perlenträgerinnen ihrer Zeit. Zeitgenössisches Porträt eines anonymen Meisters

Den gewaltigsten Perlenschatz aber häufte Königin Elisabeth I. von England (1533–1603) an. Sie gilt als die größte Perlenliebhaberin aller Zeiten.

»Eine blasse, römische Nase. Das volle rote Haar beladen mit Kronen und bestreut mit Diamanten, eine gewaltige Halskrause, ein noch gewaltigerer Kragen und ein ganzer Strauß von Perlen, das sind die charakteristischen Merkmale, an denen jeder augenblicklich die Portraits von Königin Elisabeth erkennt.«

Die Königin trug immer mindestens sieben, meist aber noch mehr Perlenketten, die längste davon reichte bis zu den Knien. Sie besaß mehr als 3000 perlenbestickte Kleider, mindestens 80 perlenbesetzte Perücken und unzählige Schatullen, die mit Perlenschmuck gefüllt waren. Daß auch das Schoßhündchen der extravaganten Dame ein Perlencollier trug, versteht sich von selbst.

Königin Elisabeth war Meisterin in der Inszenierung glanzvollster öffentlicher Auftritte, wie sie den gekrönten Häuptern jener Zeit dazu dienten, Liebe und Gunst ihrer Untertanen zu gewinnen. Die bei solchen Anlässen zur Schau gestellten Kronjuwelen waren der sichtbare Beweis für die wirtschaftliche Macht der Königin.

Sowohl in England als auch auf dem europäischen Festland begann sich die Lust auf Perlen auch unter dem wohlhabenden Bürgertum auszubreiten. Um die inflationäre Nachfrage nach Perlen und den Abfluß von Gold für ihre Bezahlung zu beschränken, wurden in England, Frankreich, Deutschland und anderen Ländern nach antikem römischem Vorbild *Perlengesetze* erlassen. Die strengsten herrschten in Venedig zwischen dem 14. und 16. Jahrhundert. Zeitweilig war es den Festgästen auf Hochzeiten untersagt, Perlen zu tragen, denn die waren laut Gesetz allein zur Zierde der Braut erlaubt. Doch all diese Verbote wurden kaum beachtet. Eine venezianische Resolution aus dem Jahr 1599 beklagt sich bitter:

»Der Gebrauch und der Preis von Perlen sind so exzessiv geworden und haben sich von Tag zu Tag dermaßen gesteigert, daß es, sofern nichts unternommen wird, zu Unheil, Unruhen und spürbaren Unannehmlichkeiten für das öffentliche und private Wohlergehen kommen wird, wie jeder einzelne dieses Konzils in seiner Weisheit sehr leicht einsehen wird.«

Erst die Wirren des Dreißigjährigen Krieges und der damit verbundene wirtschaftliche Niedergang beendeten abrupt das europäische *Perlenzeitalter*. Die vom Protestantismus

Gegenüber: Elisabeth I., Königin von England, 1533–1603 (Das sogenannte »Armada-Porträt« von Marcus Geeraerts d. J.)

Rechts: Die Judenbraut, um 1667/68, Rembrandt (1606–1669) Perlen galten als Symbol jungfräulicher Unberührtheit.

Seite 24: Die Briefschreiberin, Johannes Vermeer (1632–1675)

*Katharina die Große,
Kaiserin von Rußland (1729–1796)*

*Wilhelmine Friederike Sophie,
Prinzessin von Preußen (1709–1758)*

*Sophie Mathilde von Württemberg
(1818–1877)*

*Marie Christine, Erzherzogin von
Österreich (1742–1798)*

*Marie Antoinette (1755–1793),
Gemahlin Ludwigs XVI. von Frankreich*

*Victoria, Königin von England und
Großbritannien (1819–1901)*

geforderte Schlichtheit der Lebensweise trug ebenfalls dazu bei, die Perle von ihrem angestammten Platz zu verdrängen. Doch rasch entwickelte sich im Zeitalter des Barock und nachfolgenden Rokoko wieder eine fast sinnliche Freude im Umgang mit Perlen. Sie wurden bald fester Bestandteil der extravaganten Damenmode. Die verführerischen tiefen Dekolletés des napoleonischen Zeitalters wären ohne Perlencolliers in allen Variationen, tropfenförmigen Perlen an Anhängern und Perlenohrgehängen nicht denkbar gewesen.

Um 1845 kam eine exotische Novität auf den Markt, die die Nachfrage zusätzlich belebte: Perlen aus der Südsee. Denn nicht alle Perlen, die vom Tuamotu-Archipel und anderen Südsee-Inseln stammten, waren von der gewohnten hellen Farbe. Manche schimmerten dunkel, grünlich oder fast schwarz, und sie waren größer als alle bis dahin bekannten Perlen. Besonders Frankreichs Kaiserin Eugénie, die Gattin von Napoleon III., fand großen Gefallen an ihnen. Sie trug ihre dunklen Perlen regelmäßig und rief dadurch eine neue Mode ins Leben. Der Perlenhandel in Frankreich erlebte einen starken Aufschwung, der bis in die zwanziger Jahre anhielt.

Und noch eine andere Neuheit beeinflußte den Perlenmarkt. Als 1881 Matrosen, die mit ihrem Schoner »Dolphin« wochenlang vor der Nordwestküste Australiens vor Anker lagen, beim Fischen im seichten Wasser riesige Austern entdeckten, fanden sie darin märchenhaft schöne Perlen von bisher nicht gekannter Größe. In kürzester Zeit entwickelte sich rund um den Fundort Broome, rund 1000 Meilen nördlich von Perth, eine intensive Perlenfischerei. Bald verfügte die Region zwischen Cossack und Roebuck Bay über eine ganze Flotte von Perlen-Schonern. Einige Jahre später folgten die Perlenfischereien in Queensland und dem Northern Territory. Die australischen Perlen erzielten auf europäischen und amerikanischen Auktionen Höchstpreise, und auch australisches Perlmutt wurde tonnenweise in die Alte und Neue Welt verschifft.

Oben: Eugénie (1826–1920), »Kaiserin der Franzosen«

Links oben: Ruhepause einer Gruppe japanischer Helmtaucher vor Nordwest-Australien, ca. 1915

Links unten: Perlen-Logger vor Broome, um 1900

Rechts: Perlen waren ihre Leidenschaft: La Mistinguett (1873–1956), eigentlich Jeanne Marie Bourgois, bekannteste Varieté-Künstlerin Frankreichs

Gegenüber: Chinesische Perlenmuschel-Fischer zur Zeit der Ming-Dynastie (1368–1644)

Im ausklingenden 19. Jahrhundert stiegen Perlen auch in den Vereinigten Staaten hoch im Kurs. Nach dem Bürgerkrieg etablierte sich vor allem in den industrialisierten Neu-England-Staaten eine wohlhabende Gesellschaftsschicht, die geschichtsträchtige Perlen aus europäischen und indischen Fürstenhäusern bevorzugte und für diese unvorstellbare Preise bezahlte. Um die Jahrhundertwende entdeckte man auch in den USA Süßwasserperlen, und die Nation erlebte nach dem *goldrush* ein regelrechtes Perlenfieber. Flüsse, Seen und Bäche wurden nach Perlen abgesucht. Der ergiebigste Fundort war das Tal des Mississippi.

Auf der Weltausstellung in Paris im Jahr 1900 zählten Perlen zu den Hauptattraktionen. Die Stadt an der Seine entwickelte sich zum ersten und feinsten Perlenmarkt der Welt. Eine neue Blütezeit für die begehrten »Steine aus dem Meer« brach an. Doch nicht der aufdringliche Prunk der Renaissancefürsten oder die eitle Dekadenz der Römer bestimmten den neuen Umgang mit Perlen, sondern dezente Eleganz. G. F. Kunz und C. H. Stevenson beschreiben in ihrem *Book of the Pearl* die Perlenmode nach der Jahrhundertwende: »*Obwohl Frauen nicht mehr wie im 16. Jahrhundert von Kopf bis Fuß mit Perlen behängt erscheinen, sind Perlen hoch in Mode, und die wohlhabende Dame von Rang schätzt üblicherweise von allen ihren Juwelen ihr Perlenhalsband am meisten.*« In den Jahren nach der Pariser Weltausstellung erlebte der internationale Perlenmarkt einen ungeheuren Preisanstieg, ausgelöst durch die steigende Nachfrage immer breiterer Bevölkerungsschichten und das geringer werdende Angebot infolge Überfischung der Austernbänke.

Nach dem Trauma des Ersten Weltkrieges boten die *roaring twenties* einer gut situierten Schicht ein lebensfrohes Intermezzo. Kurzer Rock, Stöckelabsätze, Charleston, Bubikopf und lange schwingende Perlenketten sind untrennbar mit dieser überschwenglichen Periode verbunden; ebenso das von Coco Chanel kreierte *kleine Schwarze* mit dem Perlencollier als Accessoire. Mit der großen Depression fand dieser Höhenflug ein jähes Ende.

Der Zusammenbruch der New Yorker Börse war jedoch nicht der einzige Grund für eine plötzliche Wertminderung der Perlen. Mittlerweile war es nämlich in Japan erstmals gelungen, vollendet schöne Perlen zu züchten. Mit der Einführung der Zuchtperle änderte sich der gesamte Perlenmarkt radikal. Heute ist der Handel mit Natur- oder echten Perlen kaum mehr von Bedeutung. Die jahrtausendealte Tradition der Perlenfischerei im Persischen Golf, im Roten Meer und im Golf von Mannar existiert nicht mehr. Im Persischen Golf regiert das Öl. Aber auch anderswo ist das Perlentauchen unrentabel geworden. Zu groß ist der Aufwand, und zu selten sind die Perlen. Zudem hat sich der Geschmack zugunsten der viel größeren Zuchtperlen gewandelt.

Auch in australischen Gewässern und in der Südsee wird nicht mehr nach Perlen getaucht. Von dort kommen heute gezüchtete Perlen von so umwerfender Qualität und Pracht, daß sie sogar die Perlen der großen Königin Elisabeth I., der indischen Maharadschas oder der Kleopatra in den Schatten stellen.

DAS GEHEIMNIS WIRD GELÜFTET

Die Entstehung der Perle blieb jahrhundertelang sagenumwobenes Geheimnis der Natur. Theorien über ihren Ursprung finden sich in jedem Kulturkreis, der mit Perlen vertraut war. Am meisten verbreitet war die These, die Perle sei der Befruchtung der Auster durch Regentropfen oder Tau zu verdanken. Plinius schreibt:
»*Die Früchte dieser Muscheln sind die Perlen, bessere oder schlechtere, größere oder kleinere, der Qualität und Menge des Taus entsprechend, den sie empfangen!*«
Bis in das 16. Jahrhundert glaubte die europäische Wissenschaft an die perlenerzeugende Kraft der Tautropfen. Allerdings folgte man dabei eher der Tradition als Ergebnissen aus Forschung und Beobachtung.
Die Chinesen waren auch auf diesem Gebiet den Europäern voraus. Bereits im 2. Jahrhundert meldete der unbekannte Autor des Buches *Huai Nan Tzu* Zweifel an der Tautropfen-Theorie an: »*Obwohl die leuchtenden Perlen ein Gewinn für uns sind, sind sie doch eine Krankheit für die Auster.*«
Während der Sung-Dynastie, im 11. Jahrhundert, verfügten die Chinesen bereits über einfache Techniken zur Perlenproduktion in Süßwassermuscheln. Dabei plazierten sie an die Innenseite der Muschelschale Reliefscheibchen aus Blei in der Form einer kleinen Buddha-Figur. Nach etwa einem Jahr waren sie mit Perlmutt überzogen und wurden herausgeschnitten. Die so entstandenen Buddha-Halbperlen waren als Amulett und Talisman beliebt.
Aus der Zeit der Ming-Dynastie gibt es Berichte, wonach mehrere tausend Menschen auf diesen Perlen-Zuchtfarmen arbeiteten. Das Zentrum war die Stadt Tibin am Tai-Hu-See. In der gleichen Region befindet sich heute die

moderne chinesische Süßwasser-Perlenzucht. Es gelang in China aber nicht, die Entwicklung fortzuführen und vollkommene, d. h. vollrunde Perlen zu züchten. Dieser Erfolg war den Japanern vorbehalten, denen es Anfang dieses Jahrhunderts erstmals glückte, in den dort beheimateten Akoya-Perlenaustern vollrunde Perlen zu züchten und damit einen uralten Menschheitstraum zu erfüllen. Die wissenschaftlichen Voraussetzungen dafür wurden jedoch in Europa gewonnen. Mit dem Zeitalter der großen Entdeckungsreisen und durch die aufgeklärte Geisteshaltung des ausgehenden 15. Jahrhunderts entfalteten sich dort die modernen Naturwissenschaften.
Von der Infragestellung der Tautropfen-Theorie bis zur Züchtung der ersten vollrunden Perle sollten aber noch fast 350 Jahre vergehen. In diesem Zeitraum wurde der Natur Stück für Stück das Geheimnis der Perle entrissen: Als erster stellte Guillaume Rondelet 1554 die Tautropfen-Theorie in Frage. Der Schiffskapitän Sir Richard Hawkins

schreibt 1593 aufgrund seiner Beobachtungen: »... denn es ist kaum vorstellbar, wie der Tau in die Auster kommen sollte.« Um 1600 erkennt Anselmus de Boot, daß »Perlen im Innern der Muschel aus dem gleichen Material entstehen wie die Schale selbst«. Zum gleichen Schluß kommt der portugiesische Reisende Pedro Teixeira 1609: »... ich bin sicher, daß Perlen aus der Muschelschale geboren werden und aus gleichem Material bestehen wie die Schale, und aus nichts anderem.« Der berühmte Naturforscher und Physiker Réaumur schreibt 1717: »Perlen werden aus dem Sekret gebildet, das aus dem die Muschelschale bildenden Organ fließt. Perlen und Perlmuttschicht der inneren Muschelschale sind aus gleichem Material und im Aufbau identisch.«
Ausgehend von diesen Erkenntnissen, führte der schwedische Naturforscher Carl von Linné (1707–1778) Versuche zur Herstellung von Perlen durch, wobei er Fremdkörper in Süßwasser-Perlenmuscheln einsetzte.

Sir Edward Hume entdeckte dann 1825, daß in der Mitte von Perlen häufig organische Substanzen eingeschlossen sind. 1852 stellte der italienische Naturforscher Filippo de Filippi in einer Zusammenfassung seiner Beobachtungen fest, daß Parasiten und Würmer Süßwassermuscheln zur Perlenproduktion anregen. Die Erkenntnisse de Filippis wurden 1859 von dem Arzt und Schiffsoffizier E. F. Kelaart bestätigt, der in den perlenproduzierenden Austern von Ceylon eine große Anzahl von Parasiten beobachtete. Schließlich stellte der Franzose Louis Boutan 1904 nach Untersuchung von Mantelgewebe und Schale von Perlen die Theorie des parasitären Ursprungs der Perlen auf.

Der deutsche Zoologe Alverdes war es dann, der 1913 in genau beschriebenen Versuchen die von seinen Vorgängern aufgestellte Theorie beweisen konnte und so das Geheimnis der Perlenentstehung lüftete: »Perlen entstehen durch das Eindringen lebender Organismen in das Mantelgewebe der Muschel, wo sie eine sackartige Ausstülpung bilden, in der dann die Perlmuttablagerung, die zur Perlenbildung führt, geschieht, während der Parasit absorbiert wird.«

Gegen Ende des 19. Jahrhunderts waren durch den Einsatz moderner technischer Errungenschaften wie Dampfschiff und Motorboot, Schleppnetz und Helm-Taucheranzug die Austernbänke mancherorts hoffnungslos abgefischt. Auf den dramatischen Rückgang der jährlichen Perlenernte reagierte der Markt mit einem phänomenalen Preisanstieg. Daher begann man, intensiv nach Methoden zur Steigerung der Perlenproduktion zu suchen. Zuchtfarmen für Perlenaustern wurden angelegt, man versuchte, den Parasitenbefall auf Austernbänken zu erhöhen, und man experimentierte mit Fremdkörpern in Perlenaustern.

Auch in Japan war man nicht untätig. Dort hatte ein junger Mann namens Kokichi Mikimoto Zuchtfarmen eingerichtet, um den in der Gegend um seinen Heimatort Toba auf der Halbinsel Ise stark abgefischten Bestand von Akoya-Perlenaustern wieder zu erhöhen. Durch Zufall erfuhr er von der chinesischen Methode zur Herstellung

von Buddha-Perlen, und es gelang ihm unter Mitwirkung von Dr. Kakichi Mitsukuri von der kaiserlichen Universität Tokyo, das chinesische Verfahren zu verbessern. Die ersten Halbperlen erntete Mikimoto 1890, und bald exportierte seine Austernfarm neben echten Perlen in immer größerem Umfang gezüchtete Halbperlen, die unter dem Namen *Japanperlen* bekannt wurden. Gleichzeitig suchte Mikimoto intensiv nach einer Methode zur Zucht vollrunder Perlen. Trotz unzähliger Experimente war ihm jedoch zunächst kein Erfolg beschieden.

Den Durchbruch schafften schließlich zwei andere Japaner: Tatsuhei Mise und Tokichi Nishikawa, die heute als die Erfinder der Zuchtperle gelten. Aufbauend auf den Erkenntnissen der europäischen Wissenschaft, entwickelten beide unabhängig voneinander folgendes Verfahren: Einer Spender-Auster wird ein kleines Stück perlmuttbildenden Mantelgewebes entnommen und zusammen mit einem runden Fremdkörper in die Keimdrüse einer anderen Auster eingepflanzt. Für den Fremdkörper erwies sich nach langer Suche Perlmutt als bestes Material.

Gegenüber oben: Künstlich angelegte Aufzuchtbecken für Perlenaustern auf Espiritu Santo im Golf von Kalifornien, um 1908

Gegenüber unten: Flachkörbe mit jungen Perlenaustern vor dem Einsetzen in die Aufzuchtbecken, Espiritu Santo

Links: Kokichi Mikimoto (1858–1954)
Mitte: Tokichi Nishikawa (1874–1909)
Rechts: Tatsuhei Mise (1880–1924)

Nishikawa produzierte seine ersten vollrunden Perlen bereits 1899, Mise die seinen 1904. Mikimotos komplizierte Methode, den Fremdkörper vollständig in Mantelgewebe einzuwickeln, führte 1905 zum Erfolg, erwies sich aber in der Praxis als zu aufwendig. Er wechselte bald auf das von Mise und Nishikawa entwickelte Verfahren. Diese in ihrer Grundidee genial einfache Methode, auch *piece*-Methode genannt, setzte sich schnell durch. Im Laufe der Jahre perfektioniert, ist sie auch heute noch, mit Ausnahme der Zuchtmethode für kernlose Perlen, das allgemein angewandte Operationsverfahren zur Herstellung von Zuchtperlen. Der traditionelle Perlenhandel ignorierte zunächst die *Japanperlen* oder tat sie als Fälschung ab. Erst als Mikimoto 1920 in Paris runde Zuchtperlen der staunenden Weltöffentlichkeit vorstellte, wurde dem Handel die aufkommende Gefahr bewußt. Die gezüchteten Perlen waren größer und schöner als Naturperlen. Auch war ihr Preis viel niedriger, da die Zucht auf den Perlenfarmen günstiger war als die Perlenfischerei mit Tauchern. Schließlich kam es in Paris zu einem aufsehenerregenden Gerichtsprozeß, aus dem die Zuchtperle siegreich hervorging. Es wurde bescheinigt, daß sie, abgesehen vom eingepflanzten Perlmuttkern, aus derselben natürlichen Substanz besteht wie eine Naturperle. Sie muß lediglich zur Unterscheidung *Zuchtperle (perle de culture, cultured pearl)* genannt werden, während die Bezeichnung *Perle* allein der Naturperle vorbehalten ist. Diese kann auch den Namen *echte Perle* oder *Orientperle* tragen.

Der eigentliche Siegeszug der Zuchtperle begann nach dem Zweiten Weltkrieg. Die klassische Akoya-Zuchtperle eroberte die Märkte Nordamerikas, Europas und dann der ganzen Welt. Durch neue Züchtungen hat sich das Angebot an Zuchtperlen seither immer mehr erweitert: Ab etwa 1960 bis 1990 wurden im japanischen Biwasee Perlen in Süßwassermuscheln gezüchtet. Die sogenannten *Biwa-Zuchtperlen* wurden fast ausschließlich ohne Verwendung eines Kerns gewonnen. Sie bestechen durch ihre individuellen Formen und vielfältigen Farben. Schon 1956 begann man in Australien, Perlen in der großen Südsee-Perlenauster zu züchten. Die ersten Colliers aus gezüchteten Südseeperlen, die einige Jahre später auf den Markt kamen, waren eine Sensation. Eine neue Dimension tat sich auf.

In den siebziger Jahren entwickelte sich in China eine eigenständige Zucht kernloser Perlen, und im selben Jahrzehnt erfüllte sich für viele Perlenliebhaber ein lange gehegter Wunschtraum: Die Züchtung naturfarbener schwarzer Südseeperlen aus Polynesien! 1994 geschah das jüngste Perlenwunder: Die Kasumiga-Zuchtperle aus dem gleichnamigen japanischen Binnensee, eine große und überaus seltene Süßwasserperle mit feinen rötlichen Farbnuancen, erblickte strahlend das Licht der Welt.

DIE REISE ZU DEN PERLEN von DAVID DOUBILET
HONGKONG

Eine Stunde vor der Landung in Hongkong stieg der Vollmond hinter der Flügelspitze der 747 empor. Bis hierher war das Flugzeug in einem einzigen endlosen Tag quer über den Pazifik hinweg dem Lauf der Sonne gefolgt. Es war ein silbrigweißer Mond – perlsilbern. Von meinem Platz aus durch das kleine Fenster gesehen, schienen wir ihm nachzufliegen.

Ich befand mich auf einer ganz besonderen Reise: Ich wollte den Weg der Perlen kennenlernen, von der Geburt der Muschel über die Entstehung der Perlen bis hin zu ihrem verführerischen Schimmern in den Schaufenstern der Juwelier-Geschäfte.

In der heutigen Zeit sind Perlen ein Geschenk des Pazifiks. Von Menschen werden sie gezüchtet, geerntet, veredelt; entstehen aber können sie nur durch das Plankton, die Energiequelle der Meere, von dem sich die Muscheln ernähren. Meine Reise sollte mich kreuz und quer über den Pazifik führen, nordwärts nach Japan, südwestlich nach Indonesien, Australien und schließlich nach Tahiti. Die nahrhaften Gewässer des Pazifiks umspülen zunächst Indonesien, um dann am nördlichen Teil Australiens bis an die Grenze zum Indischen Ozean entlangzufließen.

Nach vierzehn langen Stunden auf meinem Platz in der Maschine begannen meine Gedanken ziellos zu wandern, und ich geriet ins Träumen. Während ich den Mond betrachtete, kam mir plötzlich die Idee, daß Perlen dem Wunsch der Menschen, ein kleines Stück vom Licht des Mondes zu besitzen, wohl am nächsten kommen.

Die erste Etappe meiner Reise führte mich vom Pazifik landeinwärts nach China hinein. Denn dort wurde vor nahezu 1000 Jahren die Perlenzucht begonnen. Nur handelte es sich dabei um Süßwasserperlen, die heutzutage als Halbperlen bezeichnet würden. Kleine Buddha-Statuetten aus Blei wurden in die geöffneten Schalen der Süßwassermuscheln geschoben, und während die Muscheln allmählich wuchsen, überzogen sie die Statuetten mit ihrem Perlmutt. Inzwischen ist die Perlenzucht in China zu einer mächtigen Industrie geworden. Und um nach China zu gelangen, mußte ich das Tor zu diesem Land passieren: Hongkong.

Wir überflogen die Insel Hongkong, gingen über Kowloon tiefer und zogen in einer engen Kurve nach rechts. Ich hörte auf, vom Mond an der Flügelspitze zu träumen und starrte mit leichtem Entsetzen, doch fasziniert zu den Fenstern der Apartmenthäuser, an denen wir vorbeirasten. Die Piloten behaupten, der Landeanflug auf Kai Tak Airport sei annähernd so riskant, als versuche man, mit einer 747 mitten in einer Großstadt auf einem Flugzeugträger niederzugehen. In Bruchteilen von Sekunden sah ich Menschen beim Fernsehen, Leinen voller Wäsche und eine riesige gelbe Reklamewand mit Zigarettenwerbung; dann berührten wir nach 15 Stunden Flugzeit mit einem beruhigend leichten Stoß den Boden. Die Maschine der Cathay Pacific war in der erregendsten, interessantesten Großstadt der Welt gelandet.

René Hodel, Partner von Schoeffel Pearls Hongkong, ist ein tüchtiger und äußerst freundlicher Schweizer, der sich vor 20 Jahren von der lebensvollen Dynamik Hongkongs hatte einfangen lassen. Er ist mit Linda verheiratet, einer hochgewachsenen, unglaublich schönen Tochter dieser Stadt, mit der er zwei ganz außerordentlich energiegeladene Söhne hat.

»Wissen Sie, David«, sagte René, »in Hongkong strömen sämtliche Perlen des Pazifiks zusammen.« Dann zeigte er mir die »Perlenströme«: rosig überhauchte Perlen aus Japan, goldene Perlen aus Indonesien, silbrigschwarze aus Tahiti und riesige weiße Perlen aus Australien. »Und das hier werden Sie in China sehen.« Damit hielt René einen wahren Wasserfall von Süßwasserperlen hoch: goldene, tropfenförmige Perlen.

René zeigte mir eine riesige, runde 20-mm-Südseeperle aus Australien und eine Handvoll wunderschöner, seltener, schwarzer, fast pfauenfederfarbener Keshi-Perlen aus Tahiti. Keshi-Perlen sind Perlen ohne Kern, sie werden von den Austern eher versehentlich produziert. Sie bestehen vollständig aus dicken Perlmuttschichten und haben meist unregelmäßige, oft bizarre Formen.

»Sehen Sie die hier an.« René reichte mir eine wahrhaft riesige Südseeperle. Sie war so groß wie ein verbeulter Tischtennisball und schien aus purem Gold zu sein. Man hätte sie für ein Imitat halten können, aber sie war echt. In dem weißen, lichten Büro von Schoeffel Hongkong fand ich einen Querschnitt aller Perlenarten der Welt. Im Grunde sind die in den Handel kommenden Perlen heut-

Gegenüber: Die Handelsmetropole Hongkong bei Nacht

Oben links: Ein Paar australischer Südseeperlen mit 18 mm Durchmesser

Mitte links: René Hodel mit einem Bund chinesischer Süßwasserperlen

Unten links: Keshi-Perlen aus Tahiti

Rechts: Riesenperle aus Australien

zutage das Produkt von vier verschiedenen Spezies von Muscheln. Die meisten, das heißt 80 Prozent, stammen von der japanischen Akoya-Auster. Sie lebt in gemäßigt temperiertem Wasser von etwa 12 bis 22 Grad Celsius, und in ihr werden in Japan und China Perlen gezüchtet. Diese eher kleinen Austern produzieren eine Perle in einer Größe von maximal 10 Millimetern Durchmesser (obwohl vor kurzem auch eine 13 Millimeter messende Perle geerntet wurde). Die Farben von Akoya-Perlen reichen von Gold über Rosé, Weiß bis zu Silbergrau. Die Tahiti- oder schwarzen Südseeperlen stammen von einer Auster namens *Pinctada margaritifera*. Diese schwarzlippige Perlenauster ist eine Warmwasser-Spezies, die im mittleren und südlichen Pazifik, von Polynesien bis zu den Philippinen und dem Südwestpazifik gedeiht. Hauptsächlich sind ihre Heimat jedoch die großen polynesischen Atolle. Die *Pinctada margaritifera* liefert eine Perle, deren Farbskala von Schwarz bis Silbergrau und zuweilen Auberginenfarben reicht sowie auch tief Grünschwarz mit einem Hauch von Regenbogenschillern. Die Perlen werden bis zu 18 Millimeter groß.

Die größten Perlen, mit bis zu 20 Millimetern Durchmesser, produziert die *Pinctada maxima*, auch silber- oder goldlippige Südseeperlenauster genannt. Diese besonders großen Austern wachsen im Südwestpazifik, von den Philippinen bis nach Indonesien und Nord- wie auch Nordwest-Australien. Sie bringen die schönsten, seltensten und kostbarsten Perlen hervor. In China wachsen in den Süßwassermuscheln *Hyriopsis cumingii* und *Cistaria plicata* Perlen ohne Kern. Im Biwasee in Zentral-Japan nahe Kyoto lieferten die Muscheln *Hyriopsis schlegeli* früher einmal die exquisiten Biwaperlen. Heutzutage werden am Biwasee Toyotas, Batterien, Stahl und Elektronik produziert. Die kostbare, zarte Perlenwelt des Biwasees ist für immer dahin. Die Farbpalette von Süßwasserperlen ist breit: Gold, Lachs, Grün, Rosé bis zu dunklen Rot- und Lilatönen.

Es gibt noch eine weitere Auster, in der Perlen gezüchtet werden: die »schwarzgeflügelte« *Mabe Pteria penguin*. In ihr werden wunderschöne Halbperlen hergestellt, die zur Verarbeitung in Schmuckstücken geschätzt sind. Runde Perlen lassen sich in der *Mabe* nicht züchten – bisher.

»Aber was ist mit den echten Perlen?« lautet eine heute fast überholte Frage. In unserer Zeit sind so gut wie alle Perlen gezüchtet. Nachdem Kokichi Mikimoto in den zwanziger Jahren die Technik der Perlenzucht entwickelt hat – das heißt, die Kunst, eine Muschel zur Produktion einer Perle zu zwingen –, ist der früher außergewöhnlich hohe Wert der echten Perlenketten gesunken. Große Perlencolliers besaßen einstmals einen Wert, den man sich heute kaum noch vorzustellen vermag, denn Perlen waren seltene »Spielereien« der Natur. Von den vielen Millionen Muscheln, die von Tauchern aus dem Meer gefischt wurden, lieferten nur wenige eine Perle, und noch seltener gab es perfekte Perlen.

Im Jahre 1912 diente ein einziger Perlenstrang in »Opernlänge« als Tauschobjekt gegen das heutige Cartier Building an der Fifth Avenue. Bei der gegenwärtigen Kaufkraft des Dollars dürfte sich der Preis für dieses Gelände zwischen 30 und 50 Millionen Dollar bewegen.

Damals waren das »echte« Perlen, auch Orientperlen genannt. Ehrlich gesagt besteht jedoch kein so großer Unterschied zwischen »echten« und gezüchteten Perlen. Bei einer Naturperle gerät der Kern, jener Fremdkörper, der von der Auster mit Perlmutt umhüllt wird (ein Parasit o. ä.), durch die Natur an seinen Platz. Bei Zuchtperlen wird ein poliertes, rundes Perlmuttkügelchen aus der amerikanischen Pigtoe-Muschel (die im Mississippi gefunden wird) und ein winziger Teil vom *Mantel* (jenem Gewebe, das die Schale der Muschel aufbaut) in die Auster eingesetzt. Die Perle, die dann entsteht, ist glänzend und rund, perfekter als die Perlen der Colliers aus der Jahrhundertwende und zudem erschwinglich. Perlenketten, die früher den »oberen Zehntausend« vorbehalten waren, schmücken heute Frauen in aller Welt.

Ich durfte Hiro Maruta, den Chefverkäufer von Schoeffel Hongkong, auf einen Verkaufstrip zur anderen Seite des Hafens nach Kowloon begleiten. Mit der U-Bahn dauerte die Fahrt eine Viertelstunde. Hongkong ist trotz seiner quirligen Hektik, seiner zahlreichen Einwohner und seiner Dynamik eine elegante Stadt. Selbst in den erstickend feuchtheißen Sommermonaten sind die Menschen korrekt gekleidet. Die Juweliergeschäfte sind auf wertvolle Perlen spezialisiert. Eines davon ist Connie Ng Jewelry. Connie ist eine hochgeschätzte Kundin. Sie ist elegant, schön, mit hohen Wangenknochen, dunklen Augen und einem leuchtend goldenen Teint. Hiro hatte drei beeindruckende australische Colliers mitgebracht. Mit einer wunderschönen Geste, sehr graziös, sehr weiblich – die Hände hinter den Kopf gehoben, um die Kette zu schließen, die Ellbogen nach außen gekehrt –, probierte sie ein Collier an, und als die Perlen ihre Haut berührten, erschien sekundenlang ein Ausdruck grenzenlosen Glücks auf ihrem Gesicht.

In diesem Moment spürte ich, daß ich das Ende meiner Reise gesehen hatte, bevor sie eigentlich begann.

Oben: Präsentation australischer Südseeperlencolliers bei Connie Ng Jewelry
Gegenüber: Blick aus dem Büro von Schoeffel Pearls, Hongkong

Am späten Nachmittag machte ich mit einem Aerospatial-Helikopter einen Rundflug über Hongkong. Hans Schoeffel, der am Vormittag aus Europa eingetroffen war, begleitete mich. Aus der Luft bietet Hongkong einen unglaublichen Anblick, und ich als New Yorker kann das beurteilen, denn ich bin oft genug über der Stahlcity von Manhattan herumgekurvt. Hongkong liegt auf einer bergigen Insel. Die Wolkenkratzer scheinen sich an die grünen Hänge zu klammern. Die Architektur ist modern, einfach traumhaft. Das riesige Gebäude der Bank of China sieht aus, als müsse es sich ständig den Weg nach oben erzwingen. Die Stadt drängt sich an den Ufern der Insel, und im Reedehafen drängen sich die Schiffe. Da es nur wenige Piers gibt, muß alles mit Leichtern und Schwimmkränen be- und entladen werden. Im Hafen herrscht ständige Bewegung. Die Star-Ferries, die zwischen Kowloon und Central-Hongkong verkehren, pendeln unablässig hin und her. Leichter, Barkassen und Frachter ziehen auf Kollisionskurs ihre Bahn.

Von Kowloon aus beobachtete ich den Sonnenuntergang, der sich in den Fenstern von Hongkong spiegelte. Eine leichte Wolke trieb über die Stadt. Das Licht wechselte von Gelb zu Orange und Rot, und dann ergriffen in einem pinkfarbenen Nachglühen die Lichter der Stadt vom Himmel Besitz.

Der Perlenhandel besteht aus gewachsenen Geschäftsbeziehungen, die wie eine feine Kette Züchter mit Händlern verbinden. Bernard Sham hatte meinen Besuch in China arrangiert. Im wesentlichen sollte ich von Hand zu Hand bis an den Ursprung der chinesischen Süßwasserperlen weitergereicht werden.

Gegenüber: Im Helikopter über Hongkong Island

Rechts: Sonnenuntergang in Hongkong

CHINA

Am nächsten Morgen nahm ich den vollbesetzten Flug der Dragon Air nach Shanghai. Wir landeten im mittäglichen Dunst.
Nach dem Zoll wurde ich von Mao Wei und Li Su Long erwartet. Sie trugen Anzug und Krawatte, gut geschnitten, italienischer Stil. Sie waren Angestellte der Shanghai Arts and Crafts Import and Export Corporation, Zweigstelle Pudong. Mao Wei war mein Dolmetscher, Li Su Long sollte auf der Perlenfarm »Ware« kaufen, wie man in der Branche sagt.
Wir mußten von Shanghai aus fünf Stunden nach Westen fahren, nach Wuxi, einer Millionenstadt, die für ihre Seide, Perlen, Pumps und Textilien sowie einen wunderschönen See mit mehreren Inseln bekannt ist.
Mit einem Minibus fuhren wir zum Hauptbahnhof. Es war ein einziges Tohuwabohu. Ich hatte drei Taschen voller Fotomaterial, Kamera-Ausrüstung und Kleidung. Kofferkulis gab es nicht, statt dessen kamen zwei Männer auf uns zu und erklärten, sie seien Gepäckträger. Sie waren mager, und als sich der kleinste die schwerste Tasche griff, kippte er prompt vornüber. Mit einer Hand half ich ihm beim Tragen der Tasche, über die andere Schulter hatte ich mir die 60 Pfund schwere Kameratasche gehängt. Am Fahrkartenschalter wurde ich von hinten brutal nach vorn gestoßen. Ich wollte schon zurückschlagen, als ich mich herumdrehte und sah, wer der Angreifer war. Die Person sah aus wie eine 1,20 Meter große, 300 Jahre alte chinesische Ururgroßmutter. Sie kreischte mir etwas zu und versetzte mir gleich noch einen Stoß. Weiter ging's in den Wartesaal – zusammen mit 10 000 anderen Menschen, die rauchten, spuckten, husteten und schreiende Babys auf dem Arm trugen.

Zum Glück reisten wir in der Polsterklasse, einer Art Erster Klasse, wo der Sitz mit einem Bezug versehen ist. Wir warteten im Wartesaal der P.L.A. (People's Liberation Army – Volksbefreiungsarmee), und kurz darauf wurden wir von einer Bahnbeamtin in dunkelblauer, gut geschnittener Uniform zum Zug begleitet. Die Waggons waren riesig und schwer, mit großen Rädern, und der lange Zug war in einer schmutziggrünen Farbe gehalten. Als wir Shanghai verließen, war es Nachmittag.
Wir fuhren westwärts in ein gelblich-dunstiges Licht hinein. Nachdem wir die endlosen, öden Betonvororte hinter uns gelassen hatten, waren wir endlich auf dem Land. Ich war in China! In einem Land, von dem ich in der Schule gelesen, zu dem ich mich im Sommer am Strand durchzugraben versucht hatte. Im Land der Mythen und Träume. Durch das schmutzige Zugfenster sah ich kleine Felder, Bauern, Reisfelder, Hühner und anderes Getier. Anfangs war es das ewige China der Pearl S. Buck. Aber nur fast. Alle fünf Felder gab es eine Fabrik, und wohin ich auch sah, zu beiden Seiten der Bahnlinie wurde gebaut. Es war, als erschaffe sich China noch einmal neu.
Es war Nacht, als wir in Wuxi ankamen. Mit zahllosen anderen Passagieren stiegen wir aus und drängten uns in dichtem Strom durch einen düsteren Bahnhof.
Wuxi war von Rauch und Staub erfüllt, beleuchtet von wenigen gelben Straßenlampen und nur gelegentlichem blaugrünen Neonlicht aus den Häusern. Es war dunkel und bedrückend, und es wimmelte von Millionen Menschen. Ich hatte ein einfaches Hotel erwartet. Das Wuxi Grand Hotel hatte indes 20 Stockwerke und war ein westliches Vier-Sterne-Luxushotel, in dem jede Menge Westler und Asiaten die Rezeption belagerten.
Yu Ping Hing, der Leiter der Aquafarm Yangshi Wuxi Jangsu China, ist der Typ des modernen chinesischen Managers: kraftvolles Kinn, kantiges Gesicht, perfekt geschnittener Anzug, Kroko-Schuhe und Handy. Mit seinem Elan und seinem Geschäfts- und Organisationstalent ist er es, der die neuen Süßwasserperlen produziert.
Die Perlenfarm lag anderthalb Stunden westlich von Wuxi entfernt. Wir fuhren in Mr. Yus goldfarbenem Lexus. Beim Fahren drückte Mr. Yu in einer Art Morsecode ständig auf die Hupe. Die Straßen waren breit, wurden aber von den unterschiedlichsten Verkehrsmitteln benutzt. Lastwagen konkurrierten mit Fahrrädern und Landfahrzeugen, angetrieben von einem seltsamen Einzylinder-Universalmotor, der blaue Rauchwolken ausstieß. Die Radfahrer beförderten alles mögliche, einschließlich Hühner. Menschen wie Hühner schenkten dem Hupkonzert des Lexus nicht die geringste Beachtung. Unser Ziel war der West Tai Lake, ein riesiger, seichter See, der von Perlenfarmen gesäumt ist. Mr. Yu bog von der Hauptstraße ab und fuhr durch ein kleines Dorf bis zu einer unbefestigten Straße, die durch Reisfelder und auf traditionellen halbmondförmigen Brücken über Kanäle führte und die Krone eines Deichs zwischen Reisfeldern und einem Kanal bildete.
Wir hielten. Mit einer weltweit üblichen Geste bedeutete uns Mr. Yu, daß wir am Ziel angelangt seien. Also kletterten wir den Deich hinab und in ein zehn Meter langes Arbeitsboot. Es war aus Beton und wurde ebenfalls von diesem allgegenwärtigen Einzylindermotor angetrieben. Damit tuckerten wir durch den Kanal zum West Tai Lake. Der See war riesig – unendlich groß. Unter dem sanftblauen, gigantischen chinesischen Himmel erstreckte sich der Horizont ins Endlose. Das Wasser war gespickt mit Fischreusen und wahren Wäldern von Stangen, zwischen denen Netze gespannt waren.

Gegenüber: West Tai Lake – Wälder von Stangen mit Netzen

Unterwegs wurden wir von Hunden angebellt, zumeist Deutschen Schäferhunden, die auf den Decks der Hausboote Wache hielten. Mr. Yu rief über sein Handy Bernard Sham in Hongkong an. Da der See nicht allzu trübe war, konnte ich durch das Wasser wie einen schwimmenden Boden eine Schicht grüner Algen sehen. Das Ganze war eher ein Nährbecken als ein See. Die Netze produzierten

Algen; die Reusen wurden benutzt, um Krebse zu züchten. Der Boden aus Grundalgen wimmelte von Krabben, die in zierlichen Bambusfallen gefangen wurden. Es war ein ausgeklügeltes System, in dem Sonnenlicht und Nährboden benutzt wurden, um Algen zu produzieren, und diese wiederum, um Krebse und Krabben zu züchten. Der See war eine wahre Nährsuppe aus einzelligem Phytoplankton, und die war die Basis für die Perlenzucht. Das Seewasser wurde in kleine Felder umgeleitet. Wenn diese vom See abgesperrt wurden, begann das Plankton zu blühen, und die Felder wurden zu riesigen Nährschalen für die Muscheln. Die Farm bestand aus einer Reihe von langgestreckten roten Gebäuden auf einer Landzunge, die wie ein Deich aussah. Zwei Gebäude waren die »Operationssäle« für die Muscheln. Die anderen dienten als Schlafsäle, Küchen und

Links: Hausboot; Rechts: Auf einem Arbeitsboot zum West Tai Lake
Gegenüber: Wasserfelder für die Perlenzucht

Lagerräume. Ich betrat eines dieser »Operationsgebäude«, in dem 60 junge Mädchen, etwa zwischen 15 und 25 Jahre alt, an den Muscheln arbeiteten. Sie alle waren gut gekleidet und trugen neue Sweatshirts mit westlichen Logos. Bis auf ein leises verstohlenes Gekicher wegen meines westlichen Aussehens herrschte absolute Stille im Raum. Es war ein niedriger Saal, durch dessen Fenster, die mit einem dünnen, durchscheinenden Plastikmaterial bedeckt waren, das Licht vom See her eindrang. Jedes Mädchen arbeitete an einem Tisch mit Halterung für die Muschel, und auf immer zwei von ihnen kam ein Mädchen, das den *Mantel* präparierte.

Und so werden Süßwasserperlen produziert: Mit Hilfe der Farmarbeiter holt sich ein Mädchen von den »Wasserfeldern« in der Nähe der Farm ein Netz voll junger Muscheln. Diese kommen in einen mit Wasser gefüllten Zuber, dann wird ein winziger Keil zwischen die Lippen der Muschel gesteckt. Gleichzeitig wird der *Mantel* präpariert. Das Mädchen schneidet aus einer *Spender-Muschel* – sie ist wesentlich größer – vorsichtig den *Mantel* ab, die fleischige Lippe des Tieres an der Innenseite der Schale. Die dunkle Außenlippe des *Mantels* wird abgetrennt, und der *Mantel* wird zu einem schmalen, langen Streifen zurechtgeschnitten, der zwei Millimeter breit und 25 Millimeter lang ist. Dafür wird ein superscharfes Skalpell benutzt. Der Streifen wird auf ein Holzbrett gelegt und dann behutsam in Stücke von einem Millimeter Breite geschnitten. Und nun kommt das Erstaunliche: Die Muschel wird in eine Halterung gelegt, und die Operateu-

Rechts: In Netzen werden die operierten Muscheln ins Wasser zurückgebracht.

Gegenüber:
Links: Junge Perlenmuscheln vor der Operation
Mitte: Operation: In die Muschel werden Mantelteilchen eingesetzt.
Rechts: Der Operationssaal

rin schiebt mit einem feinen Instrument die winzigen Mantelfragmente in die Innenlippe, den *Mantel* der lebenden Muschel. Das geschieht mit bis zu 30 solcher Teilchen. Noch erstaunlicher ist die Tatsache, daß es keinen Kern gibt, keine Perlmuttkügelchen. Diese winzigen Stückchen transplantierten Mantelmaterials erzeugen die Perlensubstanz.

Nun werden die Muscheln wieder in Netze gepackt und zu den Wasserparks oder Perlenfeldern zurückgebracht. Dort beginnen sie in der nahrhaften Planktonsuppe zu wachsen. Später werden sie in größere Netze umgelagert und sind nach etwa anderthalb Jahren reif zur Ernte.

Diese Parks, die Perlenfelder, sind milchkaffeefarben. Endlos erstrecken sie sich unter dem Himmel. Seltsame hellbraune Felder, aus denen Stangen ragen. Müssen die Muscheln kontrolliert, gereinigt oder geerntet werden, fahren die Perlenfarmer mit einem Boot hinaus, das aussieht wie ein runder, hölzerner Waschzuber. Darin stehen oder sitzen sie und hangeln sich von einer Leine zur anderen. Von den neuen Jacken abgesehen (in China scheinen alle Männer Jacken zu tragen) bieten sie einen Anblick wie in uralten Zeiten.

Zur Erntezeit werden die Muscheln geöffnet. So ist es möglich, die Perle aus dem fleischigen, gelblich-orangefarbenen Gewebe zu lösen. Die winzigen Mantelstückchen haben sich in Perlen verwandelt. Behutsam werden sie in einem alten Eimer gesammelt. Dann werden sie gewaschen.

Links: Perlenfarmer in ihren runden Booten bei Kontrollarbeiten

Gegenüber: Ausgewachsene Süßwasser-Perlenmuschel

Ich griff in Perlen, die noch mit dem Schleim der Muschel überzogen waren, und hatte das Gefühl sie seien lebendig. Ich wusch sie, und mit jedem Drehen und Reiben nahmen sie mehr Glanz an. Sanft schimmerten sie im Licht des West Tai Lake.

Die Tradition der Perlenzucht in China geht bis ins 12. Jahrhundert zurück. Der West Tai Lake wird seit langer Zeit genutzt. Er bringt perfekte Krabben und Garnelen, unendliche Mengen von Algen und Perlmuscheln hervor.

Am Nachmittag, als die Farmer die Muscheln ernteten, war das Licht golden und dunstig. Ein Dunst, der aus dem Staub entsteht. Dem Staub jener Millionen von Menschen, die seit Tausenden von Jahren in diesem Land leben.

Die Perlen waren eine Überraschung. Sie kamen aus dem schlammigen gelblichbraunen Wasser. Aber sie selbst waren strahlend weiß, dann rötlich, dann golden. Es gab runde und flache Perlen, und es gab wunderschöne ovale. Mit meinen Fingern spürte ich die weiche, kühle Glätte der Perlen. Ich dachte an andere außerordentliche Dinge, Geschenke Chinas an die Welt: das Porzellan, glatt, makellos, kühl bei der Berührung, dessen perfekte Glasur das Licht einfängt und reflektiert, und natürlich an die Seide – kostbare Gaben aus einem zeitlosen Land.

Die Perlen leuchteten von innen heraus. Sie sind eine Erfindung unserer Zeit, aus reinem Perlmutt, das nicht nur das Licht Chinas einfängt, sondern eine bestimmte Schattierung in sich birgt. Ausdruck der Geschichte Chinas.

Die Mädchen machten eine Arbeitspause. Alle drängten herbei, um die Perlen zu berühren.

Oben: Ernte. Eine Muschel kann bis zu 30 Perlen produzieren.
Unten: Frisch geerntete, noch nicht gewaschene Perlen

Gegenüber: Eine Handvoll Perlen im Nachmittagslicht des West Tai Lake

Oben links: Im Schlafsaal der Perlenfarm am West Tai Lake. Jedes Bett hat ein Moskitonetz.
Unten links: Mädchen der Perlenfarm
Rechts: In der Fabrik in Shanghai: (oben) Bohren der Perlen
(unten) Sortieren und Aufziehen

Gegenüber: Die frisch geernteten Perlen werden gewaschen. Im Hintergrund die langgestreckten Gebäude der Perlenfarm

Der Boden in ihrem Schlafsaal war die blanke Erde, aber jedes Bett hatte ein Moskitonetz. Im Winter wird die Arbeit eingestellt, und die Mädchen kehren für ein paar Monate nach Hause zurück. Es ist ein einsames, abgeschiedenes Leben am West Tai Lake. Die Mädchen mit ihren kleinen, geschickten Händen sind der Schlüssel zu den Süßwasserperlen. Mr. Li war fasziniert von den frisch geernteten Perlen. Er kaufte Mr. Yu die gesamte Ernte ab. Bei Sonnenuntergang überquerten wir den West Tai Lake. Der See ruhte glatt und still und spiegelte den bleichen Himmel. Die Sonne, die am Horizont durch den Dunst drang, wurde zu einem perfekten Kreis, der seine orangefarbenen Strahlen über das Wasser des Sees schickte.

Am Tag darauf sah ich in Shanghai die Früchte des West Tai Lake wieder. Mr. Li lud mich zu einem Rundgang durch die Fabrik ein. Die Perlen wurden sortiert, dann gebohrt und zu Colliers aufgezogen. Das Nachmittagslicht fiel durchs Fenster herein. Als Mr. Li Bündel aus Perlensträngen gegen das Licht hielt, leuchteten sie.

Ich verließ Shanghai, hätte jedoch um ein Haar meinen Flug verpaßt, weil wir in einen Fahrrad-Verkehrsstau gerieten.

Ich flog nach Hongkong zurück, der glitzernden, perlenschimmernden Großstadt. Von Hongkong sollte mich meine Reise über den Pazifik führen. Zuerst nach Japan, dann Indonesien und ostwärts über Australien nach Französisch-Polynesien. Ein unendlich weiter Ozean produziert die Perlen unserer Welt.

Links: Abendsonne am West Tai Lake

Rechts: Mr. Li hält ein Bündel aus Perlensträngen gegen das Licht.

Gegenüber: Die sortierten und gebohrten Perlen werden zu Colliers aufgezogen.

JAPAN

Es ist Spätfrühling in der Ago Bay. Die Kirschblüte ist längst vorbei, aber die Luft ist immer noch ein wenig kühl. Die Ago Bay wird durch Landzungen der Halbinsel Ise, südwestlich von Tokyo und nordöstlich von Osaka, gebildet. Sie ist ein winziger, geschützter Teil des weiten Pazifischen Ozeans.

Die Ago Bay schwimmt im Nachmittagslicht. In einem Arbeitsboot aus Fiberglas fahren wir an ihrem Ufer entlang. Kaiei Kakuta, mein Freund, Fremdenführer und bedeutender Perlenzüchter, steht im Bug, als wir in eine Bucht einbiegen. Hier gibt es eine kleine Perlenfarm: ein Floß, eine Mole und zwei langgestreckte, flache Gebäude mit quadratischen Fenstern. Der Dieselmotor tuckert im Leerlauf. Kaiei dreht sich zu mir und erklärt: »Hier hat alles angefangen. Dies ist Mikimotos erste Perlenfarm.«

Anfang dieses Jahrhunderts machten Kokichi Mikimoto, ein ehemaliger Nudelverkäufer, Tatsuhei Mise, ein Tischler, und Tokichi Nishikawa, ein Biologe, jeder unabhängig von den anderen, eine bahnbrechende Entdeckung: Sie lösten das Rätsel der Perlenauster.

Sie entdeckten, wie Perlmutt – das Material, aus dem die Perle besteht – sich im Innern der Auster um einen Fremdkörper bildet und diesen nach und nach vollkommen umschließt. Der Schlüssel zum Geheimnis ist der *Mantel*, jene fleischige Haut, die an der Innenseite der Muschelschale anliegt und diese aufbaut. Das Perlmutt der Perle entsteht durch ein Stückchen Mantelgewebe, das mit dem *Kern* in die lebende Auster eingesetzt wird.

Diese Prozedur erfordert viel Geschick und Präzision. Ein ausgebildeter Chirurg braucht der Operateur aber nicht zu sein. Zunächst wird eine Spender-Auster geopfert, um

ihren Mantel zu gewinnen. Der obere Teil wird herausgeschnitten und dann vorsichtig der schwarze Rand abgetrennt. Anschließend wird der übriggebliebene helle, graubeigefarbene Streifen in winzige Partikel geteilt.

Für die Operation wird die Auster sehr behutsam geöffnet – eben weit genug, damit der Operateur ein Kügelchen (das von der Schale einer amerikanischen Pigtoe-Muschel im Mississippi stammt), auch *Kern* oder *Nukleus* genannt, in einer Tasche im inneren Körper der Muschel deponieren kann. Das winzige Stückchen *Mantel* wird direkt daneben gelegt. Dann wird die Auster behutsam ins Wasser zurückgebracht, wo das Stückchen *Mantel* wächst und den Kern umschließt, es bildet den *Perlensack*. Dieser lagert Perlmutt in feinen Schichten auf dem Kern ab, die Perle entsteht. Ganz einfach. Und hier, in diesem Winkel der Ago Bay, entstand die erste Perlenfarm nach dieser grundlegenden Idee, Vorbild für die Perlenzucht in aller Welt, bis in unsere Zeit.

So weit ich auf die Ago Bay hinaussehen konnte, sah ich die Bojen der Perlenfarmen. Millionen von Austern »schliefen« friedlich unter der Wasseroberfläche, ernährten sich vom Plankton des Pazifiks und produzierten im verborgenen Perlen.

Die meisten Zuchtperlen, die Colliers mit ihrem weichen Schimmer, die Millionen Frauen schmücken, kommen aus Japan. Viele davon aus der Ago Bay. Sie sind das Produkt der *Pinctada fucata*, der Akoya-Perlenauster.

Wie alle anderen verlangen auch die Akoya-Austern absolut reines Wasser. Sie vertragen weder Verschmutzungen noch zuwenig Sauerstoff oder übermäßig viel Schlamm von Berghängen oder Flüssen. Seltsamerweise brauchen sie aber auch eine gewisse Menge Süßwasser. Aufgabe der Perlenfarmer ist es, die Austern glücklich zu machen. Das ist eigentlich nicht schwer. Man holt sich die Auster, öffnet die Auster, pflanzt den Kern in die Auster, schließt die Auster, wartet ab und voilà: eine Perle!

Ein Problem gibt es allerdings dabei: Die Auster ist ein Lebewesen des Meeres. Sie hat Feinde, es kann zu Krankheiten kommen, zu Stürmen und selbst ganz einfach zu

Ago Bay: das Herz der japanischen Perlenzucht

einer Abstoßung des Kerns. Bei der Perlenzucht muß man behutsam einen Schritt nach dem anderen vornehmen. Mit äußerster Präzision. Aber so hervorragend die Japaner auch darin sind – immer wieder verschwören sich das Meer und die Austern selbst gegen den Perlenfarmer.

Die Ago Bay ist längst kein einsamer, unbewohnter Ort mehr. Sie ist zu einer Touristen-Attraktion geworden, zu einem Ort mit eleganten Hotels, Golfplätzen und Yachthäfen. Viele Perlenfarmer sind nach Kyushu umgezogen, auf Japans südliche Hauptinsel.

Auf der Südspitze von Kyushu liegt Amakusa Island. Die Insel war in einen dunstiggrauen Nebel gehüllt, ein leichter Regen fiel – ein Ort, wie geschaffen für die Perlenzucht.

Ich erlebte die künstliche Geburt einer Auster. Akoya-Austern werden nicht mehr mühsam gesammelt, und man taucht auch nicht mehr nach ihnen. Auch die früher übliche Methode, zur Laichzeit Zweige ins Meer zu hängen, an denen sich die Larven festsetzten, wird nur noch selten angewandt. Heutzutage werden sie künstlich in einem großen Glasbehälter geboren. Von ausgewählten großen und kräftigen Austern werden Eier und Samen entnommen und in dem Glasbehälter vermischt. Anschließend wird der Inhalt in größere Tanks umgefüllt. Innerhalb weniger Stunden entstehen Larven, und nach etwa zwei Wochen setzen sich die frei im Wasser schwimmenden Larven an dünnen Kunststofflamellen fest. Sie werden mit einer »Suppe« aus einzelligen Algen gefüttert und wachsen schnell. Nach vier Wochen haben sie etwa die Größe

Oben links: Der Biologe vermischt Eier und Samen der Austern.
Unten links: Die traditionelle Methode: Immergrüne Zweige werden als Kollektoren für die im Meer frei schwimmenden Larven verwendet.
Oben rechts: Die winzigen Baby-Austern haben sich an Kunststofflamellen festgesetzt.
Unten rechts: Sechs Monate alte Baby-Auster

Gegenüber: Runde Drahtkörbe mit heranwachsenden Austern

eines Stecknadelkopfes erreicht. Nach drei Monaten kommen die kleinen Austernkinder aus der Brutanstalt in die Perlenfarm. Jetzt werden sie in die *panels* übertragen – zwischen Drahtrahmen gespannte Netze –, die unter den Flößen der Perlenfarm hängen. Nach weiteren sechs Monaten werden die jungen Austern von den *panels* in runde Drahtkörbe versetzt. Die Aufzucht der Austern bis zur Geschlechtsreife, dem Zeitpunkt der Operation, dauert zwei bis drei Jahre.

Oben links: Akoya-Austern kurz vor der Operation. Ein Holzkeil hält die Schalen offen.
Oben Mitte: Einer Spendermuschel wird Mantelgewebe entnommen.
Oben rechts: Kleine Mantelstücke werden präpariert.
Unten: Der Operationssaal

Gegenüber oben links: Kerne unterschiedlicher Größen – hergestellt aus der Schale der Mississippi-Pigtoe-Muschel
Gegenüber unten links: Einsetzen des Kerns
Gegenüber rechts: Operateur in voller Konzentration bei der Arbeit

Die Mittagssonne scheint durch die Flöße. Ich schwimme in einem Park herabhängender Körbe. An den Körben, unter dem Floß, überall wuchern Algen. Es ist, als schwimme ich in einer schwerelosen, schwebenden Ausstellung von Calder-Mobiles, einem Museum voll grünem Nebel.

In den langgestreckten Häusern der Perlenfarm werden die Austern operiert. Die davor ankernden Flöße sind wie Hospitäler, eine Seite »Narkoseraum«, die andere Seite »Erholungsraum«. Sorgfältige Vorbereitung und Pflege vor und nach der Operation sind zum guten Gelingen ausschlaggebend. Zur Narkose werden die Austern in tieferes Wasser abgesenkt. Durch die Dunkelheit, die niedrige Temperatur und einen geringeren Gehalt an Sauerstoff und Plankton reduzieren sie ihre Aktivität und fallen in einen Dämmerschlaf. Die Austern (interessant ist übrigens, daß auf einer Farm, die über eine Million Austern besitzt, sämtliche von nur 50 Elternpaaren abstammen) sind jetzt zur Operation bereit. An die Oberfläche heraufgeholt, öffnen sie ihre Schalen, und behutsam wird ein Keil zwischen die Lippen der Schalen gesetzt. In Gruppen von zwei Dutzend werden sie in offenen Körben in den Operationssaal gebracht.

Die Operation selbst dauert nur wenige Sekunden. Nur ein kleiner Schnitt ist erforderlich, um Kern und Mantelstück einzusetzen. Gleich darauf werden die Austern in die dämmrige Welt unter dem Perlenfloß zurückgebracht. In mehrwöchiger Ruhepause erholen sie sich dort von der Operation. Dann werden die Austern in *panels* in den weiter außerhalb liegenden Teil der Perlenfarm gebracht – zu den *longlines*.

Seite 56: Vor dem Operationsgebäude ankerndes Floß. Die eine Seite dient als »Narkoseraum« für die Perlenaustern, die andere Seite als »Erholungsraum«.

Seite 57: Panels im grünen, nahrungsreichen Wasser. Auf den Austern wachsen Algen und Kleingetier.

Die auf dem Meeresgrund verankerten *longlines* hängen an Bojen wie Unterwasser-Wäscheleinen. Die flachen *panels* – jedes enthält bis zu einem Dutzend Austern – hängen an den Leinen und schwingen mit der Strömung. Sie werden zu regelrechten Algenkollektoren, und alles mögliche Kleingetier des Meeres ist wild darauf, die armen, wehrlosen Austern zu attackieren. Schwämme beginnen auf ihnen zu wuchern, Würmer versuchen sich durch die Schale zu bohren, Krustentiere nehmen sie in ihren Griff, Seesterne klammern sich an sie. Also muß die Auster immer wieder gereinigt werden, oder sie stirbt.

Die Reinigungsarbeiten werden auf unterschiedliche Art ausgeführt. Ein Arbeitsboot mit einer Art Restaurant-Spülmaschine an Bord arbeitet sich an den *longlines* entlang. Zwei Mann ziehen die *panels* hoch, legen sie in die Spülmaschine, und wenn sie herauskommen, sind sie von Algen befreit. Aber die Schwämme und das andere Meeresgetier sind immer noch da und müssen abgeschlagen oder abgeschliffen werden. Das geschieht auf einem überdachten Arbeitsfloß. Dutzende von Farmarbeitern gehen dort mit elektrischen Schleifmaschinen, Messern und Meißeln ans Werk. Die Arbeit ist mühsam und zermürbend. Schließlich werden die *panels* noch in Süßwasser getaucht. Daran geht das restliche Meeresgetier zugrunde.

Im Dämmerlicht des grünen Wassers von Amakusa Island schwingen die *panels* mit den Gezeiten und der Strömung. Oben erstrecken sich im Schutz der grünen Hänge die Bojen in feinen, schnurgeraden Linien meilenweit über das spiegelglatte Wasser. Nur die Boote mit den Farmarbeitern bewegen sich in diesem matten weichen Licht.

Links: Arbeiter auf Kontrollfahrt entlang der longlines

Gegenüber: Arbeitsboot mit Reinigungsmaschine

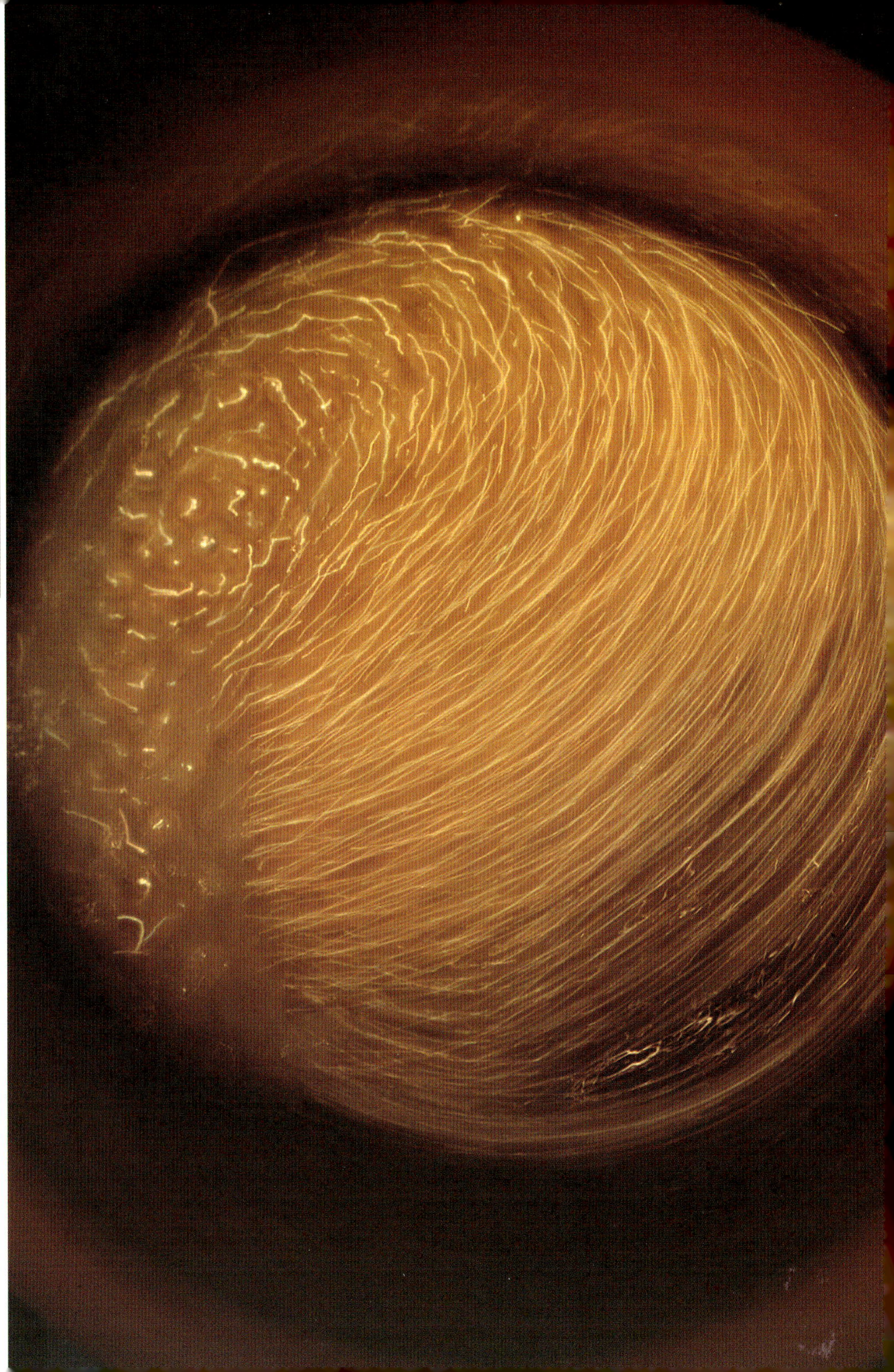

Gegenüber: Amakusa Island – longlines im Schutz grüner Hänge

Oben links: Die besten Akoya-Perlen einer Ernte
Unten links: Akoya-Auster mit Perle
Rechts: Reinigen der Perlen in einer Holztrommel

Es ist eine Welt der Zahlen und des Timing. Ein bis zwei Jahre lang wachsen die Perlen in ihren Muscheln. Jeder Operateur führt Buch über »seine« Austern. Besessen verfolgt er sein Ergebnis. Wird die Auster den Kern abstoßen? Wird die Perle perfekt ausfallen? Immer wieder Fragen …

Ich sehe einer Probeernte zu. Eine um die andere werden die Austern geöffnet und die Perlen entnommen. Wie ein kleines Wunder zieht jede Perle das gesamte Licht vom Himmel auf sich herab, komprimiert es und wirft es schimmernd mit einer fast magischen Kraft zurück. Das Leben der Perle beginnt – und die Perle geht nun auf die Reise.

Gegenüber: Ago Bay in der Mittagssonne, Schale mit frisch geernteten Akoyaperlen

Im Veredelungsbetrieb in Ise City:
Oben: Sortieren nach Lüster und Oberfläche
Unten links: In der Holztrommel gereinigte Perlen
Unten rechts: Das Arbeiten an den Bohrmaschinen

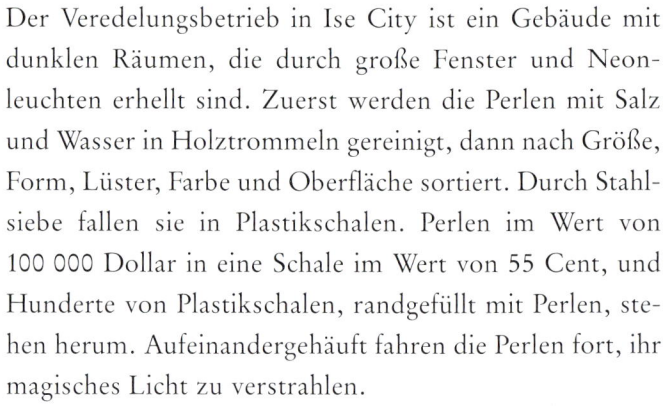

Der Veredelungsbetrieb in Ise City ist ein Gebäude mit dunklen Räumen, die durch große Fenster und Neonleuchten erhellt sind. Zuerst werden die Perlen mit Salz und Wasser in Holztrommeln gereinigt, dann nach Größe, Form, Lüster, Farbe und Oberfläche sortiert. Durch Stahlsiebe fallen sie in Plastikschalen. Perlen im Wert von 100 000 Dollar in eine Schale im Wert von 55 Cent, und Hunderte von Plastikschalen, randgefüllt mit Perlen, stehen herum. Aufeinandergehäuft fahren die Perlen fort, ihr magisches Licht zu verstrahlen.

In einem weiteren Raum werden die Perlen gebohrt. Behutsam setzen die Arbeiter sie in die Bohrmaschinen. Die Bohrer sehen aus wie große Nähnadeln. Dann werden die Perlen sortiert und zu Colliers zusammengestellt. Andere Perlen werden für Ohrringe, Ringe und weiteren Schmuck nur halb gebohrt. Es herrscht tiefe Stille – bis auf das Summen der Bohrmaschinen und das kostbare, klickende Geräusch aufeinanderfallender Perlen, es klingt wie Wellen, die sich an einem Kiesstrand brechen.

Die sortierten Perlen werden auf ein gerilltes, mit weichem Leder überzogenes Tablett gelegt. Mit Synthetikfaden, der wie Seide aussieht, aber so stark wie Stahldraht ist, werden sie aufgefädelt. Dann werden die Stränge zusammengebunden. Lange Tische säumen jedes Fensterbrett. Hier glühen wahre Ströme und Meere von Perlen in dem von ihnen eingefangenen, ständig wechselnden Licht – wie der schneebedeckte Gipfel des Mt. Fuji.

Oben links: Sortieren
Oben rechts: Bohren
Unten links: Zusammenstellen von Colliers
Unten rechts: Kontrolle und Bewerten der Colliers
Mitte: Akoya-Perle von außergewöhnlicher Größe: 13 mm Durchmesser

Gegenüber: Suruga Bay mit dem schneebedeckten Gipfel des Mt. Fuji

INDONESIEN

In den Warmwasser-Korallenmeeren des Indopazifischen Ozeans gibt es ein Zentrum, ein Paradies, wo die Korallen am üppigsten wachsen und der Reichtum an Fischarten am größten ist. Diese biologisch-mystische Region, irgendwo in den blutwarmen, an Korallen erstickenden Gewässern des Südwest-Pazifik, ist Indonesien.

Indonesien ist mehr als nur eine Inselgruppe. Es ist ein Inselreich, das sich über einen Teil des Pazifiks erstreckt, größer als die Vereinigten Staaten, größer als ganz Europa. Nahezu 200 Millionen Menschen leben in diesem Land aus Wasser, Korallen, Dschungel und Vulkanen. Unter der Oberfläche ist es eine wahre Wildnis. Es gibt mehr Korallen-, mehr Fisch-, mehr wirbellose Tierarten als in jedem anderen Unterwasserreich der Welt. Ich wollte eine Perlenfarm besuchen, die fast genau im Zentrum des Landes, an einer Halbinsel der wunderschönsten Insel der Welt liegt: Celebes, heute Sulawesi genannt. Diese Insel sieht aus, als seien ihre Umrisse von einem eigenwilligen Kind entworfen worden, sie ist eine scheinbar endlose Ansammlung von Halbinseln. Mein Ziel lag bei der kleineren, östlichen von ihnen, ein Ort namens Banggai.

Um nach dort zu kommen, mußte ich zunächst von der Hauptstadt Djakarta mit dem Flugzeug zu einer kleineren Stadt, Ujung Pandang. Dort traf ich mich mit Stephen und Hans Tandra, denen nicht nur die Banggai-Perlenfarm, sondern noch mehrere andere in Indonesien gehören. Die Brüder zeigten mir ganze Händevoll neuer Perlen. Sie waren von Austern produziert, die in Brutanstalten wie in Japan aufgezogen worden waren. Doch diese Perlen waren riesig: 14 bis 17 Millimeter Durchmesser. Sie stammten von der großen Südseeperlenauster *Pinctada maxima*, auch silber- oder goldlippige genannt. Sie ist dreimal so groß wie die größte Akoya-Auster und auch größer als die schwarzlippige Südseeauster von Tahiti. Und nun werden sie in Indonesien auf Wasserfarmen gezüchtet.

Im Mittagslicht glühten die Perlen wie kleine Sonnen. In einer einzigen Handvoll gab es weiße, silberweiße, silberne und – höchst erstaunlich – goldene. Nicht einfach gelbe, sondern wirklich tief leuchtend goldfarbene. Es sind völlig neue Perlen – noch sehr selten, schwierig zu produzieren und sehr kostbar –, Perlen, wie sie in den Meeren nie existierten, bevor der Mensch in die Natur eingriff. Nikolas Konstantinou, mein Assistent, begleitete mich zusammen mit Tony Tandra (Hans' Sohn), einem weiteren Bruder, einem weiteren Onkel und dem japanischen Chefoperateur ins ferne Banggai. Die Fahrt mit der Fähre, die eher einem riesigen Ozeandampfer glich, dauerte zwei

Indonesien, Vulkane inmitten des reichsten Korallenmeeres der Welt

Tage. In tiefer Nacht gingen wir von Bord, scheinbar mitten im Meer, in Wirklichkeit jedoch nahe der Insel Banggai. Das Schiff war von mindestens 100 Kanus umringt, voller Menschen, die alles mögliche verkaufen wollten – von soft drinks bis zu Handarbeiten. Banggai sah man nur als dunklen Umriß im Hintergrund. Das Schiff schwamm in einem Lichtermeer, das aus Tausenden von Bullaugen kam. Mit einem Arbeitsboot fuhren wir durch einen Regenguß, und der Ozeandampfer verschwand hinter uns. Die Perlenfarm schien am Ende der Welt zu liegen, aber es gab Air-conditioning, Satellitenfernsehen und einen Billardtisch. All diese Dinge sind unabdingbar, um die japanischen Operateure bei Laune zu halten. Außerdem gab es zahllose Behälter mit Sojasauce und dem absolut lebensnotwendigen »wasabi« (japanischer Meerrettich).

Das allerwichtigste in der Perlenindustrie sind die japanischen Operateure und die Kerne aus der amerikanischen

Pigtoe-Muschel – beide unentbehrlich, unersetzlich und sehr, sehr teuer.

Ich tauchte unter der Banggai Pearl Farm. Die Molen, Spundwände und Flöße bildeten ein verschattetes, künstliches Riff. Zwischen den Korallen wuchsen Seeanemonen. Zwischen den Anemonen schwammen Clownfische. Ein Schwarm silbriger Fledermausfische glitt wie eine dahinziehende Wolke durch die Perlenfarm. Seltsame, silberschwarze Kardinalfische schwammen zwischen den Stacheln von Seeigeln. Über mir hingen Hunderte von Körben voller Muscheln wie hängende Gärten an den Flößen.

Gegenüber links: Ein Schwarm Köderfische unter der Perlenfarm in Banggai

Gegenüber rechts: Ährenfische

Oben links: Kardinalfische zwischen Seeigeln
Unten links: Clownfisch und Seeanemone
Rechts: Regenbogenfische zwischen panels mit Perlenaustern

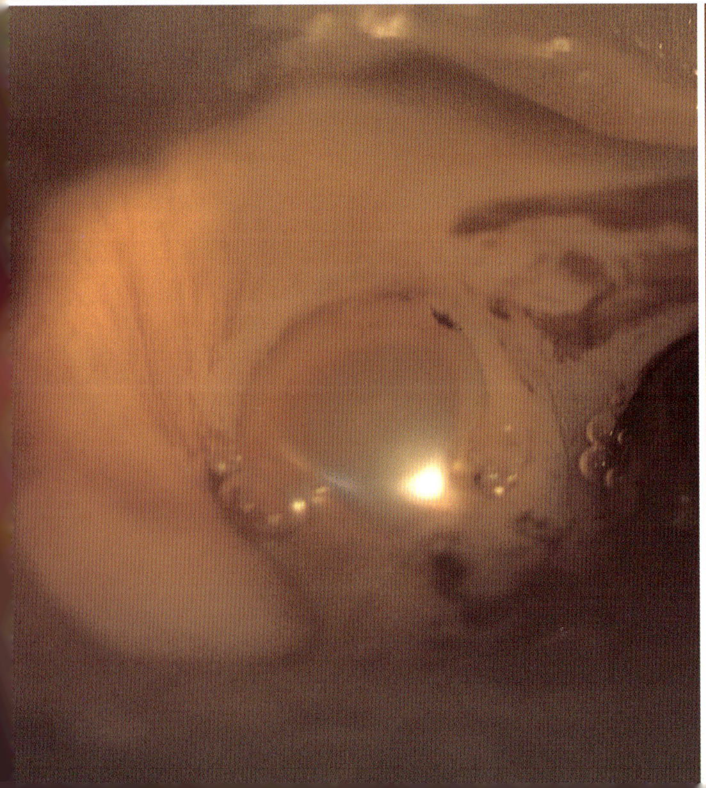

Aus der neuen Brutanstalt auf einer Nachbarinsel wurden Baby-Austern nach Banggai gebracht. Sie reihten sich in den Rhythmus der Perlenfarm ein, der von winzigen Austern auf Plastik-Kollektoren über *panels* und Körbe bis zu den ersten Operationen und schließlich zu den *longlines* mit den großen *panels* führte, die in den geschützten Wasserarmen und offenen Lagunen von Banggai hingen.

Fasziniert sah ich zu, wie der Operateur ein paar Probe-Austern erntete. Ein kleiner Schnitt, und er holte aus einer der großen eine herrlich goldene, leicht ovale Perle heraus. Die warmen Gewässer Indonesiens bringen besonders viele goldene oder gelbe Perlen hervor, aber auch weiße und silbrigweiße. Möglicherweise hängt die Farbe vom ursprünglichen *Mantel* der Spender-Auster ab.

Aber wie erstaunt war ich, als der Operateur, sobald er die Perle entnommen hatte, der Auster einen neuerlichen Kern einsetzte. Man nennt das »zweite Operation«. Der Kern ist größer als bei der ersten Operation, und die heranwachsende Perle wird ebenfalls größer als die zuerst geerntete. Die beeindruckenden Perlen, die ich in Ujung Pandang gesehen hatte, waren das Ergebnis zweiter Operationen, der neuen, von den japanischen Spezialisten ent-

Seite 70: Banggai-Perlenfarm: Ein Arbeiter trägt Austern zur Operation

Seite 71: Austernkörbe und Ährenfische unter einem Floß

Oben: »Geburt« einer Südseeperle
Unten links: Goldfarbene Südseeperle in der Auster
Unten rechts: Weiße und goldene Südseeperlen

Gegenüber oben: Die longlines der Banggai-Perlenfarm

Die Operation:
Unten links: Einsetzen des Perlmutkerns
Unten Mitte: Einsetzen des Mantelstücks
Unten rechts: Japanischer Operateur

wickelten Technik. Die Perlen der ersten Ernte sind kleiner – zwischen 9 und 13 Millimeter Durchmesser – aber immer noch größer als die meisten japanischen Akoya-Perlen.

Unmittelbar neben der Farm gab es ein »schwimmendes Dorf«. Die Einwohner von Banggai leben nicht an Land, sondern in Häusern auf Pfählen in den Lagunen. Ein solches Dorf hat zwar auch »Straßen« und »Gassen«, aber es sind Wasserwege. Die Kinder lernen schwimmen, bevor sie gehen können. Mit drei Jahren paddeln sie in Kanus von Haus zu Haus.

Das Dorf liegt mitten in einer grünen Welt. Der Dschungel der Insel zieht sich bis ans Wasser hinab. Das seichte Wasser ist hellgrün bis blau. Da die Gezeiten die Lagune kräftig durchspülen, bleibt das Dorf stets reinlich und sauber – sauberer als das Land. Viele Dorfbewohner arbeiten auf der Perlenfarm, und der hohe Wert der Perlen beginnt die Wirtschaftslage des Dorfes allmählich zu verändern.

Oben: Dorfkinder

Links: Perlenfarm, im Hintergrund dichter Dschungel

Gegenüber: Das schwimmende Dorf bei der Perlenfarm

Links: Südseeperlen-Auster mit Perle
Rechts: Das Netz eines *panels* wird geflochten.

Gegenüber: Perlenfarm mit Wachturm

Aufgrund der unübersichtlichen Wassergeographie Indonesiens hat es traditionell immer wieder Piraten gegeben. Daher verfügt jede Perlenfarm über Wachtürme mit Suchscheinwerfern. Die Perlenfarmer in Indonesien haben zwei Feinde. Der eine ist das Meer mit seinen Gefahren, der andere ist der Mensch: Piraten und Diebe.

In diesem kleinen Dorf in einem Winkel der Lagune jedoch herrscht Frieden. Vor Sonnenuntergang beobachtete ich ein paar Kinder, die mit einem Kanu lospaddelten. Es war, als machten sie einen Abendspaziergang.

Die Perlen aus Indonesien sind prachtvoll und elegant. Sie sind Produkte der großen Südsee-Perlenaustern, die sich vom Plankton des exotischsten, üppigsten Korallenreichs der Welt ernähren.

In 60 Fuß Tiefe lag ich auf dem Rücken und schaute nach oben zu dem Perlenfloß. Zu Hunderten hingen die mit Austern gefüllten Körbe über mir. Aus der Ferne wirkten sie wie die mikroskopische Aufnahme eines Wassertropfens – eines Tropfens, in dem es von Leben wimmelt, in einem Ozean voller Korallen, am Rande eines von Vulkanen umringten Dschungels.

Links: Sortieren der Austernschalen für die Perlmuttgewinnung

Gegenüber: Zu Hunderten hängen mit Austern gefüllte Körbe unter dem Floß.

AUSTRALIEN

Ich fliege rücklings durch dunstiges, grünblaues Wasser, hänge, ein Bein um die Tauchleine des Tauchers Mick Bray geschlungen, in der Schwebe. Wir sind in einer *drift*. 15 Meter über uns treibt das Tauchboot langsam mit der Strömung dahin. Eine *drift* ist die Arbeitsschicht eines Tauchers im Meer, ganz unten. Die Unterwasserlandschaft rollt unter uns dahin. Für ein Korallenriff ist sie flach, langweilig grau, unterbrochen von großen Anemonen, Schwämmen und verkrüppelten, niedrigen Korallengewächsen. Kurz gesagt, ich tauche in den reichsten Perlengründen der Welt. Diese flache, trostlose Meeresgeographie ist die Heimat der besten *Pinctada maxima*, der riesigen silberlippigen Perlenauster.

Oben liegt der *Eighty Mile Beach*, südwestlich von Broome, an der nordwestlichen Schulter Australiens. Ein unglaublich verlassener Küstenstreifen in einem unglaublich verlassenen Winkel des australischen Kontinents. Anders als in Indonesien müssen sich die Riesenmuscheln hier das Meer und das angrenzende Land nicht mit den Menschen teilen. Es gibt keine Landwirtschaft und keine Städte und daher auch keine Verschmutzung. Es gibt aber auch ganz außergewöhnlich große Gezeiten-Unterschiede von bis zu zehn Metern und in der *wet season* monatelangen Regen. All diese Faktoren zusammen erzeugen eine nahrhafte, saubere Planktonsuppe. Und die Austern sind wohlgenährt. Sie wachsen relativ schnell zu einer enormen Größe heran. Austern sind seßhafte Wesen. Während ihres ganzen Lebens bewegen sie sich kaum oder gar nicht von der Stelle. Auf dem Meeresboden werden sie von Pflanzen überwuchert und sehen nach gar nichts aus. Gut getarnt heben sie sich kaum vom Boden ab. Die Taucher können nur während der Zeit weniger hoher Flut im Monat tauchen. Heute gibt es nur eine geringe Wasserbewegung. Das Tauchboot oben hat einen Schleppfallschirm ausgebracht, der es bis zum Kriechgang verlangsamt. Dennoch werden wir durchs Wasser gezogen. Ich blicke zu Mick hinunter. Er hat sich, genau wie ich, von Kopf bis Fuß in einen Lycra-Taucheranzug gezwängt. (In warmem Wasser braucht man keine Neopren-Taucheranzüge – viel zu heiß.) Nicht mal sein Mund und sein Kinn sind zu sehen. Zu groß ist die Angst vor der Irukandji-Qualle, deren Nesseln bewirken, daß sich jeder Muskel im Körper verkrampft – ein Vorgang, der sehr schmerzhaft ist und sogar zum Tod führen kann. Ich spüre ständig, wie meine Haube aus dem Anzug rutscht und meinen Nacken Millionen von Gallonen Irukandji-verseuchten Wassers preisgibt. Die Phantasie ist ein ständiger Begleiter der Angst. Plötzlich greift Mick auf den graubraunen Boden hinab und hebt etwas auf, das einem großen, versteinerten Pfann-

kuchen ähnelt. Eine Auster! *Pinctada maxima!* Mit einer einzigen Bewegung legt er sie in sein Fangnetz. Die Taucher nennen diesen Vorgang Austern »fangen«, obwohl sich die Mollusken nicht von der Stelle bewegen.

Jetzt beginne auch ich die Austern zu erkennen, die eine neben der anderen auf den Muschelbänken des *Eighty Mile Beach* liegen. Wir gleiten durch einen Schwarm silbriger Köderfische. Sie teilen sich wie ein Vorhang, der sich hinter uns wieder schließt. Eine große olivfarbene Seeschlange schwimmt an Mick und mir vorbei und wickelt sich einen entsetzlichen Augenblick lang um die Tauchleine und mein Bein. Wenn man von einer Seeschlange gebissen wird, ist man tot. Zum Glück jedoch beißen sie nicht. Außerdem atmen sie Luft. Die Schlange löst sich und schwimmt nach oben.

Nun beginnt für die Austern eine Reise. Aus dem Netz geht es ins Boot, wo sie gezählt, vom Meeresbewuchs

Seite 81: Taucher beim Aufstieg

Oben links: Ein Taucher »fängt« eine Pinctada maxima
Unten links: panels mit frisch gefangenen Austern werden ins Zwischenlager gebracht.
Rechts: Taucher kurz vor einer drift

gereinigt und gewogen werden. Dann in ein *panel* mit Taschen für sechs oder neun Austern. Das *panel* kommt auf dem Boot zunächst in einen Meerwassertank. Danach wird es von Tauchern ganz in der Nähe, wo die Austern wenige Stunden vorher gefangen wurden, ins Meer zurückgebracht. Dieser Platz heißt Perlen-*dump* und ist eine Art Zwischenlager.

Nahezu einen Monat liegen die *panels* flach auf dem Meeresgrund. Die Austern können sich dabei vom Trauma ihres erzwungenen Ausflugs erholen. Dann kommt das »Mutterschiff«.

Die Perlenzucht ist in Australien zur Industrie geworden. Ein großer Teil davon geht auf Nick Paspaley zurück. Die Familie Paspaley besitzt nahezu 60 Prozent der australischen Perlenindustrie. Das »Mutterschiff« ist 45 Meter lang – ein schneeweißes Schiff, vollklimatisiert, mit Seitenantrieb an Bug und Heck und riesigen Meerwassertanks für die Austern. Es hat eine Crew von 26 Mann einschließlich zehn japanischer Operateure, eine spezielle Messe, die wie ein japanisches Restaurant eingerichtet ist, Arbeitsräume mit Computern, luxuriöse Wohnkabinen und Aufenthaltsräume und einen großen »Operationssaal«. Nick Paspaley – und andere australische Perlenzüchter sind seinem Beispiel gefolgt – bringt seine Austern zur Operation nicht mehr an Land. Er operiert sie direkt über ihrem Lebensraum – auf der vor dem *Eighty Mile Beach* geankerten »Paspaley III«.

Rechts: Der letzte Perlen-Logger im Einsatz: Die 18 Meter lange »Kim« auf einer drift mit Tauchern im Schlepp

Seite 84:
Links: Vor dem Eighty Mile Beach liegen der Welt reichste Bestände an Pinctada maxima
Oben rechts: Die 45 Meter lange »Paspaley III«
Unten rechts: Der japanische Meisteroperateur Tokyo Hamaguchi an seinem Arbeitsplatz an Bord der »Paspaley III«

Seite 85: Die Kimberleys, ein abgelegenes und menschenfeindliches Land

83

Taucher holen die *panels* auf das Schiff. Die Austern werden gereinigt und dann im klimatisierten Arbeitsraum operiert. Sofort danach werden sie wieder in die *panels* verpackt und auf den Meeresgrund zurückgebracht. In den nächsten 30 bis 40 Tagen erholen sie sich dort. Alle paar Tage werden die flach auf dem Boden liegenden *panels* gedreht, damit sich der »Perlensack« um den Kern gleichmäßig bildet.

Wieder kommt das »Mutterschiff«, und in seinen riesigen, ständig von frischem Meerwasser durchspülten Tanks beginnt für die Austern die 150 bis 200 Meilen weite Reise nach Norden in die Kimberleys – ein fremdes, fernes Land aus Buchten, Landzungen, Meeresdurchlässen, Inseln und Lagunen. Ein Ort mit zehn Meter hoher Tide und Krokodilen – menschenleer. Das Land, gesäumt von Mangroven, ist braun und rot, mit spärlicher Vegetation. Das Wasser ist milchigblau. Während der Regenzeit schüttet es monatelang ununterbrochen.

Dort, geschützt vor Stürmen und starkem Seegang, sind die *longlines* der Perlenfarmen ausgelegt. Die *panels* werden an ihnen ins Wasser gehängt. Die Tide bringt den Austern Nahrung und Sauerstoff und reinigt die Buchten. Meeresgetier und pflanzlicher Bewuchs setzen sich auf den Austern an. Immer wieder müssen sie gereinigt werden. Unablässig arbeiten sich die Reinigungsboote an den *longlines* entlang. In zweiwöchigem Abstand werden die Austern gedreht, so entstehen hauptsächlich runde Perlen. Gelegentlich werden sie geröntgt, um festzustellen, ob die Perle noch in ihnen enthalten ist. Eine mühsame, nie endende Arbeit, die sich aber auszahlt. Denn die Austern mit den in ihnen wachsenden Perlen sind unglaublich wertvoll. Regierung und Perlenindustrie haben zum

Links: Im blaugrünen Wasser der Kimberleys arbeitet sich ein Reinigungsboot an den longlines entlang.

Gegenüber: Reinigungsboot auf einer Perlenfarm in den Kimberleys

Schutz des natürlichen Bestandes die jährliche Fangquote für wilde Austern auf 600 000 Stück beschränkt. Zusätzlich hat jede Perlenfarm eine Quote für 20 000 Austern aus Brutanstalten. Mehr gibt es nicht für die 20 australischen Perlenfarmen, die die begehrten Lizenzen besitzen.

Die Farmen erstrecken sich über eine weite, gefährlich einsame Wasserlandschaft. Um Personen und Proviant schnell von Broome und Darwin auf die Farmen entlang der Kimberleys transportieren zu können, benutzt Nick Paspaley sorgfältig restaurierte, 45 Jahre alte »Grumman«-Amphibien-Flugzeuge.

Das eigentliche Zentrum der Perlenindustrie ist immer noch der alte Hafen Broome. Dort hat die australische Perlenfischerei angefangen – nicht so sehr wegen der Perlen, sondern wegen des Perlmutts. Die großen australischen Austern lieferten das meiste Perlmutt für die Knopfindustrie der Welt. Perlen waren eher ein Nebenprodukt. Um 1900 war Broome eine Boom-Stadt. Über 400 Perlen-Logger – Segelboote mit meist zwei Tauchern an Bord – sammelten vor dem *Eighty Mile Beach* und bei den Lascepede Islands im Norden Perlenaustern. Fast alle Taucher waren Japaner, und die besten von ihnen waren die Könige von Broome. Aber ihre Arbeit war gefährlich. Allein zwischen 1910 und 1917 verloren 144 Taucher ihr Leben. Unzählige andere wurden gelähmt oder zu Krüppeln. Haie, Krokodile, Malaria, Lungenkrankheiten und die Taucherkrankheit forderten einen hohen Zoll an Menschenleben. Auch Zyklone füllten die Friedhöfe von Broome. Sie kamen ohne Warnung aus heiterem Himmel. Im April 1908 wurde die Perlenflotte vor dem *Eighty Mile Beach* von einem Zyklon überrascht. 50 Mann ertranken.

Gegenüber: Auf Dick Morgans Perlenfarm: ein Arbeiter beim Heraufholen von Austernkörben

Rechts: Die Montebello Islands südlich von Broome

Japaner blieben mit der australischen Perlenindustrie untrennbar verbunden. Als nach dem Zweiten Weltkrieg Perlmutt von Kunststoff verdrängt wurde, wurde gemeinsam von Australiern, Amerikanern und Japanern die erste Perlenfarm der Welt für Südseeperlen errichtet – Kuri Bay in den Kimberleys, benannt nach dem Japaner Tokuichi Kuribayashi.

So dominierend, wie früher Japaner als Taucher waren, so unübertroffen und unersetzlich sind sie heute als Operateure. Die Technik der Perlenoperation wurde von Japanern erfunden, und japanische Operateure perfektionieren ihre Kunst an Zehntausenden von Akoya-Austern, bevor sie von Südsee-Perlenfarmen unter Vertrag genommen werden.

Links: Eine »Grumman Mallard« beim Start in Kuri Bay
Rechts: Pinctada maxima mit Perle. In fast jeder Auster lebt in Symbiose mit ihr ein kleiner Krebs.

Die Zeit von der Operation bis zur Ernte dauert gewöhnlich 30 Monate. Geerntet wird wieder auf dem »Mutterschiff«, und wieder werden die unersetzlichen japanischen Spezialisten benötigt: Wenn eine Perle gut ist, wird in die Auster ein neuer Kern eingesetzt. Dieser Prozeß kann sich bis zu viermal wiederholen, jedesmal mit einem größeren Kern, und jedesmal entsteht eine noch größere Perle. Die Operationstechniken und das Management australischer Perlenfarmen sind heute führend in der ganzen Perlenindustrie, und die australischen Perlen sind die größten und prächtigsten der Welt. Eine Handvoll im australischen Sonnenlicht rollen zu sehen ist wohl einer der aufregendsten Anblicke, die sich der Mensch vorstellen kann. Sie schimmern nicht nur – es ist viel mehr. Sie bersten vor Energie. Sie sind selten, aber im Wert stellen sie fast 20 Prozent aller in der Welt produzierten Perlen dar. Sie sind weiß, silberweiß und gelegentlich goldfarben.

Man glaubt, daß warmes Wasser mehr goldene und gelbliche Perlen hervorbringt. Eine kleinere Farm (Dick Morgans) auf den Montebello Islands produziert eine weiße, silbrige Perle von außerordentlicher Reinheit. Das Wasser ist dort kälter und klarblau statt milchigblau oder grün. Bei den Montebello Islands unter einer Perlenfarm zu tauchen ist ein wundervolles Erlebnis. Die Sonne durchdringt das Wasser und wirft Schatten auf den Meeresgrund. Köderfische schwimmen durch die Körbe. Schmetterlingsfische knabbern an den Verkrustungen und Muscheln. Ein Barsch zieht seine Bahn, ein Kiefernfisch gräbt eine Furche direkt unter den Körben.

Ich war in Darwin, in Nick Paspaleys Büro. Nick hielt eine Perle hoch. Rund, perfekt, mit 20,8 Millimetern Durchmesser. Die größte dieser Art in der Welt. *»Ich hatte immer von einer solchen Perle geträumt«, sagte er. »Als man sie auf der Farm fand, sandte mir mein Partner unseren Code für eine perfekte Perle: ›Ein Vollmond steigt auf‹.«*

TAHITI

Aus 21 000 Fuß Höhe sehe ich durch ein Loch in den Wolken das erste Atoll. Die Wellen, die sich an den äußeren Riffs brechen, markieren den Korallenrand des Atolls, das aus dem Rest eines uralten Vulkans besteht.

Es gibt Hunderte von Atollen im Tuamoto-Archipel, der sich von den Hauptinseln Tahitis aus südöstlich 700 Seemeilen weit erstreckt. Es sieht aus, als hätte eine Gigantenhand eine Anzahl von Perlenketten über ein sehr großes und sehr leeres Stück Pazifik verstreut. Das sind die klassischen Inseln Französisch-Polynesiens, die Inseln der Träume – weiße Strände, Palmen und glasklare Lagunen. Inseln wie Perlenketten. Atolle.

Der Mittelpunkt dieser Träume aber ist die schwarze Perle. Hier ist die Heimat der *Pinctada margaritifera*, der schwarzlippigen Perlenauster. Sie ist ein Produkt dieser Atolle. Das Atoll umschließt ein Stück Pazifik. Durch ein paar Öffnungen des Korallenrings kann Wasser ein- und abfließen. Dieser »Privatozean« wird Lagune genannt, und die Lagune atmet mit den Gezeiten.

Ich sitze auf dem Kopilotensitz von Robert Wans »Beach 1900 D«. Die zweimotorige Beach ist ein ernstzunehmendes Flugzeug, ein wirtschaftlicher, echter Pendelflieger, der täglich die ganze Länge der Tuamotos abschippert. Er verbindet die entlegenen Perlenfarmen mit der Hauptstadt Papeete. Wir fliegen durch dicke Schichten silbrigweißer Wolken. Nach zweieinhalb Stunden gehen wir tiefer.

Das Meer wirkt wie ein Teppich aus Wolken und blauem Ozean. Das private Perlenfarm-Atoll Nengo-Nengo gleitet unter den Flügeln der Maschine hinweg. Wir tanken auf und fliegen noch eine Stunde weiter nach Marutea, einer anderen Atollfarm, und dann zu den Gambier Islands

– insgesamt 700 Meilen südlich von Tahiti. Dies ist die Welt der großen schwarzen Perlen – Robert Wans Reich.

Auf den Gambier Islands schwimme ich unter Wasser eine halbe Meile an riesigen *panels* entlang, die 20 Meter unter der Oberfläche der Lagune hängen. Das Wasser ist nicht kristallklar, sondern von Planktonsuppe getrübt. Und es ist kalt – oder vielmehr kälter, als ich es erwartet hatte. Taucher schwimmen über mir und kontrollieren die *panels*. Eine weitere *longline* zieht sich quer über das Korallenriff, das sich auf einer Erhebung des Lagunenbodens befindet.

Die Perlenfarm selbst liegt auf einem *motu*, einer kleinen Laguneninsel, die zur Hauptgruppe der Gambier Islands gehört. Sie besteht aus einer Anzahl Hütten neben einem Hauptgebäude. Die Austern werden aus den *panels* geholt und mit Hilfe von Meißeln und Schleifmaschinen gereinigt.

Gegenüber: Das Marutea-Atoll

nigt. Auf der anderen Seite wird operiert. An kleinen, in Nischen stehenden Tischen arbeiten die Operateure (allesamt Japaner). Der Arbeitsbereich mutet nahezu mittelalterlich an – fast wie ein Raum, in dem die Mönche Manuskripte illustrierten. Ich halte meine erste schwarzlippige Auster in der Hand. Sie ist doppelt so groß wie die Akoya-Auster – dick, robust und voller Kraft.

Am folgenden Tag erfuhr ich auf dem Marutea-Atoll einiges über das Leben der schwarzen Perlenauster. Diese Austern werden nicht von Menschen geschaffen, aufgezogen oder gezüchtet. Hier wird die Arbeit von der Lagune verrichtet. Die Hunderttausende von Muscheln in ihren *panels* in der Lagune beginnen, Eizellen und Samen zu produzieren. Diese vereinigen sich, und es entstehen Larven. Mit den Gezeiten, die in die Lagune hinein- und wieder hinausfluten, passieren die frei dahintreibenden Larven lange Reihen hängender Kollektoren. Ursprünglich waren das die Äste spezieller Koniferenarten. Heute bestehen die Kollektoren aus einem Plastikmaterial, ähnlich dem unserer Müllsäcke, aber wie Girlanden aufgehängt. Die Larven klammern sich an die Girlanden, formen sich zu winzigen Austern und wachsen, indem sie sich von den Planktonströmen ernähren, die von den Gezeiten in die Lagune hinein- und wieder hinausgespült werden.

Wenn die Austern weiter gewachsen sind, werden sie in Körbe versetzt, später durchbohrt und an Seilen aufgehängt. Sobald sie groß genug sind, werden sie operiert. Der Operateur führt den Kern ein (wieder aus der amerikanischen Pigtoe-Muschel) und dazu das unentbehrliche kleine Mantelstück. Dann wird die Auster in das *panel* gesetzt und ins Meer zurückgebracht, und die Perle beginnt zu wachsen. Die Auster wird immer wieder gereinigt, bis

Links: Robert Wans Perlenfarm auf den Gambier Islands

Gegenüber: Plastikkollektoren fangen die vorbeitreibenden Austernlarven auf.

man nach etwa zwei Jahren die Perle ernten kann. Doch wird die Muschel nicht vollständig geöffnet. Zunächst kommt sie in einen Tank zum »Entspannen«. Rasch fließendes Wasser überspült die Austern, damit sich der Abduktormuskel, der die Muschelhälften zusammenhält, lockern kann. Dann wird ein Keil eingesetzt, der die Schale offenhält. Mit einer Spreizzange aus Stahl wird die Auster noch weiter geöffnet. Der Operateur schiebt eine Sonde mit einem winzigen Löffel am Ende ein und zieht damit die Perle heraus. Gleich darauf ersetzt er sie durch einen neuen, größeren Kern. Die zweite Operation ist beendet. Danach wird die Auster wieder ins Meer zurückgebracht, um eine weitere Perle zu bilden.

Gegenüber links: Ein Taucher kontrolliert die Kollektoren.
Gegenüber rechts: Kollektor voller Baby-Austern

Links: Reinigen der Austern
Rechts: Die Baby-Austern wachsen in Körben heran.

Schwarze Perlen spiegeln den dunklen, geheimnisvollen Teil des Meeres wider. Nicht immer sind sie wirklich schwarz. Sie können obsidianfarben sein, dunkel- oder silbergrau. Und die aus den kühleren südlichen Gewässern der Gambiers und von Marutea sind einfach unglaublich. Sie sind schwarz mit einem Hauch von Grün. Sie fangen das Licht und reflektieren es wie in einem dunklen Regenbogen. – Sie reflektieren das Licht nicht einfach, sie verwandeln es.

Als der Operateur einer offenen Auster (mir kam sie vor wie ein offener Mund) eine Perle entnahm, hielt er inne, zögerte und rollte die Perle zwischen Daumen und Zeigefinger. Er schob seinen Stuhl rücklings aus der Arbeitsnische und sah zum offenen Fenster hinaus. Der Himmel war dunkel, die Lagune hellblau. Dicke, weiße Wolken trieben am Horizont. Ein Hai schwamm unter den Pfählen, die das Gebäude der Perlenfarm trugen. Eine Palme neigte sich tief über die Lagune. Die Perle war dunkel, üppig, geheimnisvoll – ein Stück aus dem Herzen der Lagune, ein Hauch von Pazifik.

Perlen sind selten absolut perfekt, rund und makellos. Da das Perlmutt sie in Schichten umschließt, können sie einen Ring haben, unregelmäßige Ausbuchtungen, einen Fleck, ein Loch oder eine abgeplattete Stelle. Diese Perlen werden Barockperlen genannt und können außergewöhnlich schön sein. Sie sind das unberechenbare Werk der Auster, die das Perlmutt formt. Farbe und Lüster, die das Meer spiegeln, sind unter Umständen wichtiger als die Form.

Seite 98: Später werden die Austern durchbohrt und an Seilen aufgehängt.

Seite 99: Panels mit operierten Austern über dem Riff

Links: Tahitiperlen und longlines

Gegenüber: Die Perlenfarm auf Marutea: Ein Schwarzflossenhai zieht vorbei.

Manchmal stößt die Muschel den Kern ab und produziert dennoch einen winzigen »Meteoriten« aus Perlmutt. Diese kleinen Perlen werden *keshi* genannt. Sie sehen aus wie die Tränen der Auster und bestehen aus reinem Perlmutt.
Robert Wans Perlen-Imperium erstreckt sich über weite Teile des Ozeans. Er verfügt über Flugplätze, Meerwasser-Destillationsanlagen, Treibstofflager für die Flugzeuge, Außenbordmotoren, Autos, Boote und natürlich Generatoren. Es ist ein umfangreiches Unternehmen mit Operateuren, Tauchern, Küchenchefs, Arbeitern, Piloten und Buchhaltern. Dieser ganze Apparat dient einzig dazu, die schwarzen Perlen zu gewinnen. Es ist fast so, als verwandelten sich Mühe und Schweiß unter der glühendheißen Tropensonne letztlich in eine Perle.

Das Manihi-Atoll ist eine weitere Welt der Perlen. Die Insel liegt näher bei Tahiti und beherbergt zahlreiche Perlenfarmen. Manche sind klassische Familienunternehmen: ein Haus auf Pfählen, ein paar Leinen mit Austern, ein Boot mit Außenbordmotor, Kinder, Hund, Ehemann und Ehefrau sowie ein Handlanger. Mit Bernard Chin-loy besuchte ich einige dieser Farmen. Mit uns kam Pateo, ein französisch-polynesischer Operateur – eine Legende. Pateo ist einer der ganz wenigen nichtjapanischen Perlen-Operateure der Welt, bestimmt jedenfalls in Französisch-Polynesien. Seine riesigen Hände sind ruhig, ungeheuer stark und doch geschickt. Er wäre ein hervorragender Chirurg geworden.

Links: Beim Reparieren der panels
Rechts: Tahiti-Keshiperlen

Gegenüber:
Oben links: Perlenfarm auf Manihi
Oben rechts: »Ernte« einer schwarzen Perle
Unten links: Gewinnung von Halbperlen: Einsetzen des Plastikkerns
Unten rechts: Pateo, einer der wenigen nichtjapanischen Operateure

Ich schwamm an den Kollektor-Leinen, den *panels* und den hängenden Austern entlang. In einem schlichten weißen Gebäude, das über die Lagune hinausragte, aßen wir zu Mittag. Von der See her blies der Wind durch die offenen Fenster.

Auf einer anderen Farm sah ich bei der Herstellung von Halbperlen zu – ein »Knopf« aus Plastik, rund oder in Tropfenform, wird auf die Innenseite der Muschelschale geklebt. Dann wird die Auster ins Meer zurückgebracht, und innerhalb von 18 Monaten ist die aufgeklebte Plastikhalbkugel mit Perlmutt überzogen.

Mir war vor allem daran gelegen, das Meer Polynesiens zu spüren. Also tauchte ich außerhalb der Passage zur Manihi-Lagune und dem nahegelegenen Rangiroa-Atoll. Zusammen mit ein paar anderen Tauchern gingen wir am Außenrand des Korallenriffs auf 120 Fuß Tiefe hinab. Nahe dem Einlaß zur Passage wurden wir von Horden grauer Riffhaie umringt. Die Passage und ihr Eingang sind der Hauptfutterplatz für Raubfische, denn die gesamte Nahrung der Lagune wird zweimal pro Tag durch diese Öffnung gespült. Als die Gezeiten wechselten, wurde die Strömung stärker. Wir stießen uns von der Riffwand ab und ließen uns mit ausgestreckten Armen durch die Passage tragen. Dabei passierten wir wahre Mauern aus Haien, die auf große Schwärme silbriger Wimpelfische warteten. Umringt von Barrakudas schwamm ich an einem nicht endenden Schwarm rosafarbener Barsche vorbei. Der Meeresgrund raste unter mir dahin. Geschoben von der hereinziehenden Strömung, flogen wir mit einem Tempo von etwa fünf Knoten ins Atoll hinein.

Diese Strömung und die Fruchtbarkeit des Korallen-Atolls sorgen für die Ernährung der Austern. Das ist das wahre Geheimnis von Polynesien. Die schwarzen Perlen bergen die Kraft dieses Ozeans.

Links: Perlenfarm auf Manihi

PERLEN IN UNSERER ZEIT

Die Perlen unserer Zeit sind so atemberaubend, aufregend, verlockend und verführerisch wie nie zuvor. Es sind gezüchtete Perlen – Produkte des Zusammenspiels von Natur und menschlicher Innovationskraft. Dabei führen Wettbewerb und Erfindungsreichtum zu immer wieder neuen Züchtungen und Ergebnissen. So erreichen gezüchtete Südseeperlen heute eine Größe und Pracht, wie sie vor wenigen Jahren selbst für Experten als unerreichbar galten. Süßwasser-Zuchtperlen werden in immer feineren Qualitäten und ausgefalleneren Formen und Farben geerntet. Die Entwicklung schreitet fort und läßt kein Ende absehen.

Auch in unserer Zeit schmücken sich Frauen, die im Rampenlicht stehen, wieder bevorzugt mit Perlen. Es sind nicht nur Königinnen, Prinzessinnen und First Ladies, auch Persönlichkeiten aus Wirtschaft und Gesellschaft, Sport und Entertainment – sie alle lieben Perlen.

Frauen tragen ihre Perlen heute aus Freude und mit natürlichem Selbstverständnis. Zum ersten Mal in der Geschichte scheinen überkommene Konventionen, Zwänge und Tabus ihre Macht einzubüßen. Das Bedürfnis, sich zu verwöhnen, das Genießen von Luxus und die Freude am Schenken und Beschenktwerden sind nicht mehr einer kleinen Oberschicht vorbehalten. Weitgehende Demokratisierung und ein nie dagewesener Wohlstand für breite Bevölkerungsschichten bilden das Fundament für die Entfaltung von Individualität und persönlichem Lebensstil, die Frauen durch ihr modisches Auftreten zum Ausdruck bringen. Dabei unterstreichen sie auch bewußt oder unbewußt sehr eindrucksvoll ihre Weiblichkeit. Und jede Frau empfindet intuitiv, daß es keinen feminineren, anschmiegsameren Schmuck gibt als eine Perlenkette.

Das weite Spektrum unterschiedlichster Zuchtperlenarten hält ein Angebot für jeden Geschmack und jedes Budget bereit, aus dem sich jede Frau die genau zu ihr passenden Perlen auswählen kann, die so einmalig und individuell sind, wie sie selbst. Unerschöpflich ist auch der Ideenreichtum der Juweliere und Goldschmiede jener fast letzten Individualisten in unserer immer uniformierter werdenden Einzelhandelslandschaft. Sie fühlen sich besonders von Perlen – jenen *Unios, Einmaligen*, wie sie schon die Römer nannten – herausgefordert, einzigartige Schmuckstücke zu schaffen, die oftmals zu Kunstwerken werden und die Persönlichkeit ihrer Trägerinnen unterstreichen.

Ihre Magie haben Perlen über die Jahrtausende bewahrt. Auch in unserer von der *ratio* bestimmten Zeit geht von ihnen eine geheimnisvolle Ausstrahlung und Faszination aus. Unerklärlich ist die enge, fast intime Verbindung, die zwischen Frauen und ihren Perlen entsteht. Wie könnte sonst die stille Freude erklärt werden, die eine Frau erfaßt, wenn sie in einer unbewußten Bewegung die Perlen ihrer Halskette durch die Finger gleiten läßt?

Perlenketten wünschen sich heute junge Mädchen zum Abitur, und für die Braut gibt es keinen zärtlicheren Schmuck zum weißen Hochzeitskleid als eine feine Perlenkette. Die im Beruf in unaufdringlicher Korrektheit und schlichter Eleganz gekleidete Frau unterstreicht durch die Perlenkette sicheren Geschmack, Stil und eine feminine Ausstrahlung. Zu allen Anlässen werden Perlen heute getragen. Sie sind immer passender Schmuck und Begleiter. Ob Opernbesuch oder festliche Gala, offizielle Empfänge oder ein romantisches Dinner zu zweit, aber auch im Alltag und in der Frei-

Gegenüber: Elizabeth Taylor

Links: Königin Silvia von Schweden
Mitte: Kaiserin Michiko von Japan
Rechts: Elisabeth II., Königin von England

zeit: Perlen gehören dazu. Sie passen sich jeder Gelegenheit und jeder Garderobe an.

Ein kleines Problem stellt sich allerdings heute vor dem Perlenkauf: So groß ist das Angebot von Zuchtperlen unterschiedlichster Arten, Formen, Größen und Farben, daß die Entscheidung nicht leichtfällt. Die Vielfalt und Pracht der Zuchtperlen unserer Zeit würden selbst den berühmten Perlenschätzen der großen Königin Elisabeth I. die Schau stehlen.

Bei der Auswahl von Zuchtperlen sollte man auf fünf Kriterien achten, die ihren Wert bestimmen:

Lüster

Das allerwichtigste Kriterium ist das Lüster – jener geheimnisvolle Glanz einer Perle, der aus ihrem Inneren zu kommen scheint. Diese einzigartige Lichterscheinung verleiht der Perle Leben und Ausstrahlung und offenbart dem Auge und dem Herzen den verführerischen Zauber der Perle. Lüster ist auch das wichtigste Merkmal für dauerhafte Qualität einer Zuchtperle, denn nur eine starke Perlmuttschicht kann intensives Lüster erzeugen.

Farbe

Die Farbe einer Perle ist zuallererst Frage des persönlichen Geschmacks. Sie muß zum Typ der Trägerin passen. Es gibt Farben, die wegen ihrer Seltenheit oder Beliebtheit besonders hoch bewertet werden, wie Weiß-Rosé, Silbrigweiß oder Gold. Eine Aussage über die Qualität ist dadurch aber nicht getroffen. Wenn ein niedriger bewerteter Farbton besser gefällt, dann sollte diesem durchaus der Vorzug bei der Kaufentscheidung gegeben werden.

Form

Bei der Form stellt die perfekt runde Perle oder ein vollendet ausgebildeter Tropfen das Ideal dar und wird am

Oben links: Naturgraue Akoya-Zuchtperlen

Oben rechts: Blaugraue Südsee-Zuchtperlen, semibarock

Unten links: Farbenreichtum der Natur: Zuchtperlen aus Australien, Tahiti und Japan

Unten Mitte: Schwarze Südsee-Zuchtperlen aus Tahiti – im Vordergrund Keshi (kernlos)

Unten rechts: Runde Tahiti-Zuchtperle mit 18 mm Durchmesser

Oben links: »Geringte« Tahiti-Zuchtperlen

Oben Mitte: Kasumiga-Zuchtperlen aus Japan

Oben rechts: Runde Kasumiga-Zuchtperle mit 16 mm Durchmesser

Unten links: Bizarre Akoya-Keshi-Zuchtperlen (kernlos) aus Japan

Unten rechts: Leuchtende Farbenpracht betörender Zuchtperlen

Oben links: Goldfarbene Südsee-Keshi-Zuchtperlen (kernlos)

Oben Mitte: China-Zuchtperlen (kernlos) in phantastischen Formen und Farben

Oben rechts: Formen- und Farbenvielfalt von Biwa- und China-Zuchtperlen (kernlos)

Unten links: Runde Südsee-Zuchtperle aus Australien mit 19 mm Durchmesser. Darunter Südsee-Keshi-Zuchtperlen (kernlos)

Unten rechts: Mabe-Zuchtperlen (Halbperlen)

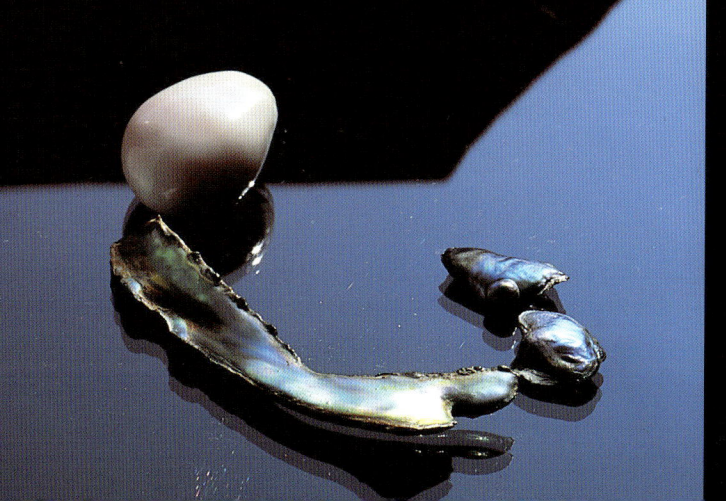

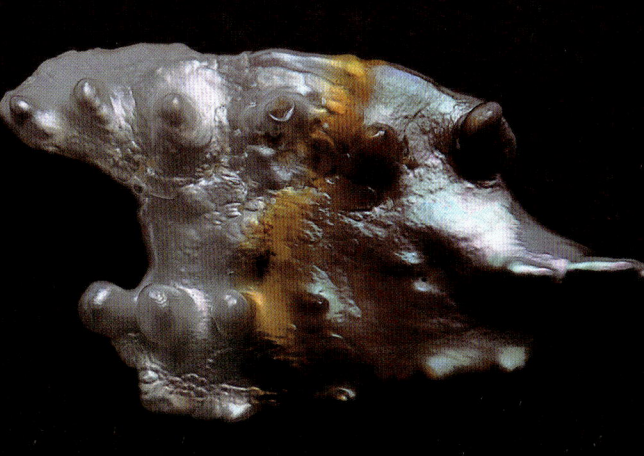

Oben links: Großflächige China-Zuchtperlen (kernlos)

Oben rechts: Design-Colliers mit weißen und schwarzen Südsee-Zuchtperlen

Exoten
Unten links: Gigantische Südsee-Zuchtperlen

Unten Mitte: Pinkfarbene Conchperle und blaugrüne Abaloneperlen (Naturperlen)

Unten rechts: Großflächige Biwa-Zuchtperle (kernlos) in Form eines Fisches

Alle Perlen von Schoeffel Pearl Culture, fotografiert von David Doubilet

höchsten bewertet – gutes Lüster vorausgesetzt. Auch hier sollten aber der persönliche Geschmack und das eigene Urteilsempfinden entscheiden. Der Reiz der Perle liegt ja weniger in gleichmäßiger Perfektion, wie wir sie aus maschineller Fertigung gewohnt sind, als vielmehr in der Verschiedenheit des Naturproduktes. So wie von der Natur gewollt, besitzt jede Perle ihre unverwechselbare Einzigartigkeit.

Von links nach rechts:
Jackie Kennedy-Onassis; Ivana Trump; Königin Sirikit von Thailand; Diana, Princess of Wales

Oberfläche
Das gleiche gilt für die Beschaffenheit der Oberfläche. Makellosigkeit ist das Ideal, doch wie auch bei uns Menschen kann ein kleiner Schönheitsfehler, eine kleine Unregelmäßigkeit die Attraktivität erhöhen und die Persönlichkeit unterstreichen.

Größe
Ein wesentlicher Entscheidungsfaktor bei der Auswahl von Perlen ist die Größe. Der Wert einer Perle nimmt mit zunehmender Größe überproportional zu. Ausschlaggebend ist neben dem vorhandenen Budget auch hier die Frage, welche Größe zur Trägerin paßt. Vorrang haben sollte unter allen Umständen die Regel »Lüster vor Größe«.

Um ihre Schönheit zu bewahren, verlangen Perlen liebevolle Pflege und Behandlung. Sie benötigen die natürliche Luftfeuchtigkeit, um nicht auszutrocknen, und verlangen daher regelmäßiges Tragen. Sie sind vor starker Erhitzung und übermäßiger Sonneneinstrahlung zu schützen, wie bei anderen Naturprodukten könnte sich die Farbtönung verändern. Die Oberfläche der Perle verträgt weder Fett noch Säure, die sie angreifen, noch die Berührung mit harten, scharfkantigen Gegenständen, die sie verkratzen könnten.

Aber keine Angst – Perlen lieben Luft, Licht und Berührung mit der Haut ihrer Trägerin. Und wenn sie mit ein wenig Liebe und Sorgfalt behandelt werden, schenken sie ihrer Besitzerin lange Jahre Freude.

»Und wie sieht die Zukunft der Perle aus? Welche Auswirkungen hat die Verschmutzung der Meere auf die Perlenzucht?« sind häufig gestellte Fragen. Das wichtigste

Herkunftsland von Zuchtperlen ist Japan, Lieferant der berühmten, klassischen Akoya-Zuchtperlen. Die extreme Industrialisierung hat die Perlenzucht dort jedoch stark beeinträchtigt. Zur Meeresverschmutzung, die nicht allein durch Abwässer, sondern in immer stärkerem Maße durch Aquakulturen wie Fischzucht verursacht wird, kommen die Urbanisierung der Küstenlandschaften, das extrem hohe Lohn- und Kostenniveau sowie eine immer geringer werdende Bereitschaft zur harten, mühevollen Arbeit auf den Perlenfarmen als erschwerende Faktoren dazu. Quantitativ ist die Zuchtperlenproduktion in Japan seit Jahren rückläufig. Größere Perlen und feinere Qualitäten mit Hilfe verbesserter Techniken bei Aufzucht und Pflege der Austern bringen einen teilweisen Ausgleich.

Doch die Zukunft der Perlenzucht liegt ohne Zweifel in der noch unberührten Weite des Pazifiks mit seinem reinen Wasser und Tausenden von Inseln und Atollen sowie in der verschlungenen Inselwelt des Indopazifiks. Es ist auch denkbar, daß in Regionen, in denen früher Perlenfischerei betrieben wurde und wo sich heute noch Bestände und gute Lebensbedingungen für Perlenaustern finden, künftig Zuchtfarmen eingerichtet werden. Die Baya California, Venezuela und der Golf von Mannar seien hier genannt.

Fortschritte in der Biotechnologie und immer besseres Verstehen der Lebensgewohnheiten und Bedürfnisse der Perlenaustern zeigen interessante Perspektiven für weitere Entwicklungen in der Perlenzucht auf. Doch Perlenaustern sind ungewöhnlich sensible Lebewesen. Schon auf kleinste Veränderungen in ihrem Lebensraum reagieren sie äußerst empfindlich. Sie benötigen reine Ozeane zu ihrem gesunden Gedeihen. Und somit sind die Perlenfarmen mit ihren Austern ein Barometer für den Zustand der Weltmeere, von denen alles Leben auf unserem Planeten, auch das der Menschheit, abhängt. Die Freude, die uns Perlen schenken, möge uns zur Besinnung rufen, die Natur, das von der Schöpfung geschaffene Leben auf dieser Welt und damit unsere eigene Lebensgrundlage zu schützen und zu erhalten.

Links: Bianca Jagger
Mitte: Michelle Pfeiffer
Rechts: Sharon Stone

Fundgebiete von Perlen

▨	Naturperlen
■	Akoya-Zuchtperlen
■	Mabe-Zuchtperlen
■	Südsee-Zuchtperlen
■	Tahiti-Zuchtperlen
■	Süßwasser-Zuchtperlen

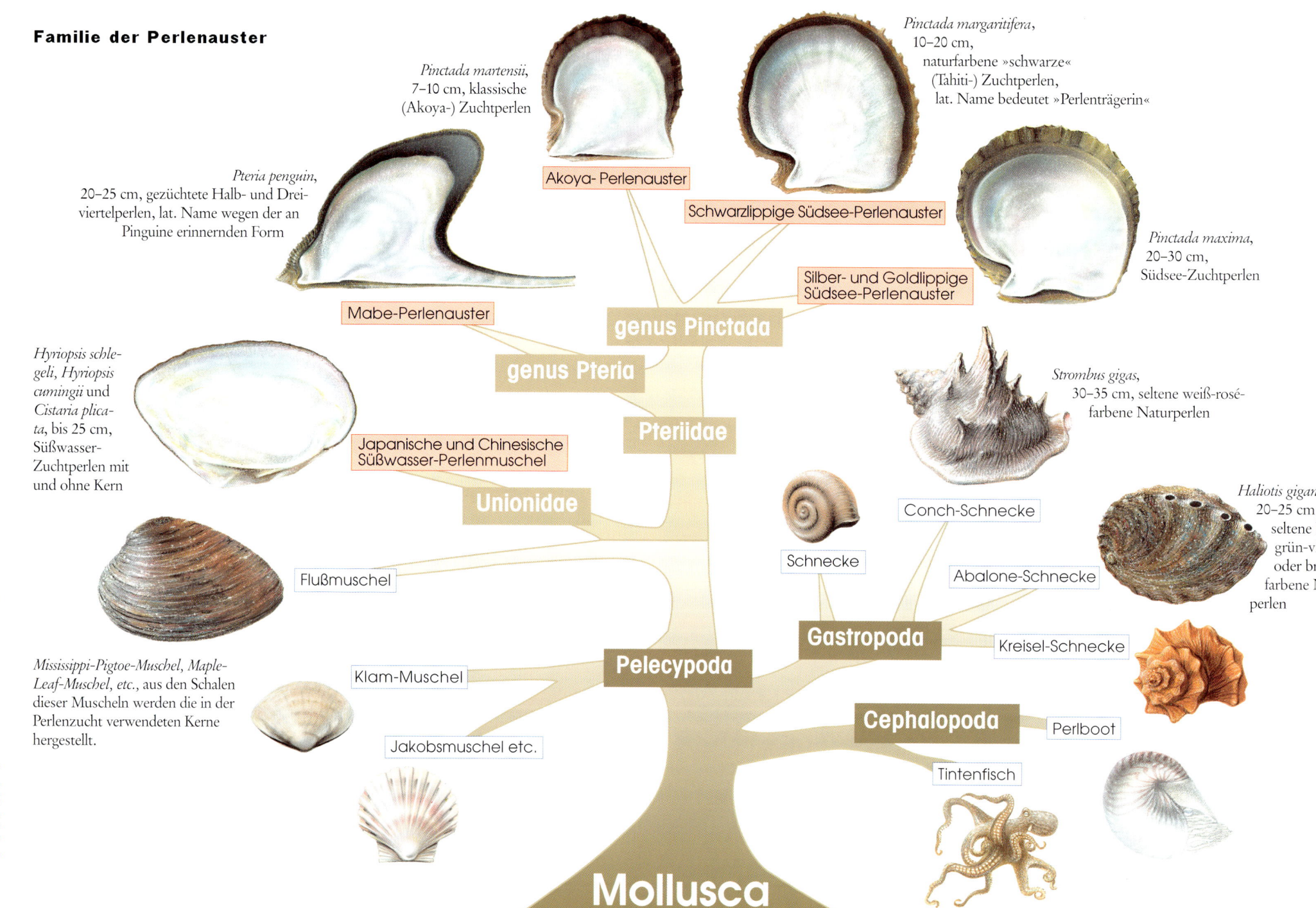

BILDNACHWEIS

Action Press, Erhan Güner: 107 l., Franziska Krug: 107 m., Extrapress: 112 o.m.
Arafura Films: 84 r.o., 84 r.u.
Archiv für Kunst und Geschichte, Berlin: 12 o., 16 l., 16 r., 19 l., 21 r., 22, 25 l.m., 26 r.u.; Erich Lessing: 2, 8, 14, 18 r.
Articus & Röttgen: 4
Bavaria Bildagentur, Gauting: 25 l.o., 25 l.u., 25 r.u.
Bildarchiv Preußischer Kulturbesitz, Berlin: 21 l.
Bodleian Library, Oxford: 9
uus: Book of the Pearl: 2, 12 u., 13 o., 17, 18 l., 20 l., 26 l.o., 26 l.u., 27, 28
Commercial Press, Hongkong: 2, 10
Agentur Damm: 29
Giraudon: 20 r., 25 r.
Globe Photos, Mitchell Levy: 112 m.u., Stephen Trupp: 112 l., Andrea Renault: 113 l., John Barrett: 113 r.
Museo Civico Cristiano, Brescia: 15
Museum für Ostasiatische Kunst, Köln: 11
National Gallery of Art Washington, Foto: Richard Carafelli: 24
National Museum of India, Neu Delhi: 19 r.
Rijksmuseum Foundation, Amsterdam: 23, 25 r.o., 25 r.m.
Schoeffel: 116, 117
Sipa Press, Paris: 106, 107 r., 112 r.u., 113 u.
Stone, Tony: 6
Tasaki Shinju: 118
ZEFA, Düsseldorf: 114, 115

Alle übrigen Aufnahmen stammen von David Doubilet.